Les Contes

de

Perrault

Les Contes

de

Perrault

ILLUSTRÉS

Par E. Courboin, Fraipont, Geoffroy, Gerbault, Job,
L. Morin, Robida, Vimar, Vogel, Zier.

Introduction par M. GUSTAVE LARROUMET, de l'Institut

PARIS

LIBRAIRIE RENOUARD

HENRI LAURENS, ÉDITEUR

6, Rue de Tournon, 6

—

Les Contes de Perrault

Il y avait une fois un homme très savant et de beaucoup d'esprit, qui s'appelait Charles Perrault. Il était bon bourgeois de Paris et il sortait d'une famille où l'on avait l'esprit ouvert, curieux et souple. Son frère Claude, d'abord médecin, étudia l'architecture et excella bientôt dans cet art, au point d'y marquer par un chef-d'œuvre, la colonnade du Louvre. Lui-même, après avoir complété sans maîtres son éducation, entra dans les bureaux du ministre Colbert et, devenu son premier commis à la surintendance des bâtiments du roi Louis XIV, fut, comme l'on dirait aujourd'hui, directeur des beaux-arts au grand siècle.

Dans ces fonctions, Charles Perrault se distingua par l'étendue de ses connaissances, la largeur de son goût et la fécondité de ses idées. Il écrivit des ouvrages, fort divers de sujets, où se marque le même jugement libre et vif. Les lettrés le lisent encore avec plaisir et profit ; ils y trouvent des points de vue qui devancent leur temps. Entre Descartes et Fontenelle, leur auteur les illumine par des éclairs de génie. Il tint tête à Boileau et défendit contre lui les femmes, attaquées dans une satire violente par ce vieux garçon, accablé d'infirmités et qui n'avait point connu sa mère. Il fut membre de l'Académie française et de l'Académie des inscriptions et belles-lettres.

Entre ces mérites et ces titres, il en est un qui emporte tous les autres et assure l'immortalité à Charles Perrault. Aussi longtemps qu'il y aura une littérature française, son nom sera aussi populaire que celui de nos plus grands écrivains. Tous les petits enfants de France le lisent, dès qu'ils savent leurs lettres. Il est l'auteur des *Contes de fées*.

Charles Perrault avait toujours aimé les enfants. Lorsque Colbert eut fait replanter le jardin des Tuileries, il songeait à le fermer aux Parisiens, pour le réserver au roi et à sa cour. « Je suis persuadé, lui dit Perrault, que les jardins des rois ne sont si grands et si spacieux, qu'afin que tous leurs enfants puissent s'y promener. » C'était parler non seulement en homme d'esprit, mais en brave homme, en vrai bourgeois de Paris. La famille française songe avant tout aux enfants et le Parisien enfermé dans la grande ville, sait le prix d'un beau jardin, où l'on va se promener seul ou retrouver ses amis, mais surtout où l'on conduit les enfants dès le maillot, où le premier rayon de soleil les voit arriver, quittant les appartements étroits et sombres, pour jouer, courir, se remplir les poumons de grand air, en attendant que, jeunes hommes, ils y viennent y rêver, et s'ils sont poètes, y rimer leurs premiers vers.

Perrault était poète ou, du moins, il faisait des vers. Sur la fin de ses classes, il avait passé de longues heures au Luxembourg, à feuilleter les vieux auteurs. Retiré des fonctions publiques et arrivant au déclin de l'âge, bon mari et bon père, il s'était installé dans le quartier Saint-Jacques, près du beau jardin qui avait charmé ses premières années. C'est là qu'il a écrit ses contes. A voir jouer ses enfants, il a songé non seulement à eux, mais à tous les enfants ; il a fixé pour eux le souvenir des récits que lui faisait sa mère-grand ; il a voulu procurer aux petits le plaisir que, petit, il avait éprouvé lui-même.

Ces contes sont bien vieux ; ils datent des origines du monde, des premiers hommes dont l'histoire ait gardé le souvenir ; ils viennent du fond de l'Asie, du berceau de la civilisation. Transmis en Europe, de bouche en bouche, de générations en générations, des mères aux enfants et des grand'mères aux petits-enfants, ces contes se sont modifiés suivant le génie et les mœurs de chaque peuple. En France, ils ont revêtu un tour naïf et gracieux. Ils ont donné le premier rôle à ces fées, méchantes ou bienfaisantes, qui peuplaient, croyait-on, nos grands bois et nos vieux châteaux, dansaient au bord des étangs dans un rayon de lune, se ménageaient un palais dans la corolle d'une fleur et, « par la vertu de leur baguette », persécutaient et délivraient. Beaucoup de paysans croient encore aux fées ; tous les enfants ont commencé par y croire. On raconte toujours les contes de fées aux veillées d'hiver dans les chaumières et, dans les villes, près des berceaux. Ils nous ont effrayés et ravis dans notre jeune âge ; devenus vieux, ils nous attendrissent par le souvenir et nous regrettons le temps où nous voyions, « comme si nous y étions », le Petit Chaperon rouge avec sa galette et son petit pot de beurre, Sœur Anne au sommet de la tour, le Chat Botté enrichissant son maître, Cendrillon au coin du feu, le Petit Poucet guidant ses frères à travers la forêt.

Le théâtre s'est emparé des contes de fées et, naturellement, il en a fait des féeries, la grande fête, longtemps promise pour le carnaval aux enfants bien sages. Il les leur a montrés, vêtus de drap d'or et illuminés de lumière électrique. Il les a fait trembler d'une peur délicieuse, en entendant rugir dans la coulisse, l'ogre qui arrive. Ils les a fait rire de leur rire frais, lorsque le grand Pierrot, si benêt, près de son petit frère, si éveillé, ouvre sa grande bouche et demande du pain, que son père ne peut pas lui donner.

Nous avons tous des souvenirs de jeunesse inspirés par les contes de fées. Un soir, revenant de Fontainebleau, je me trouvais en chemin de fer à côté d'une petite fille de trois ans et de son père. Il était six heures, le soleil baissait sur l'horizon et l'enfant, de ses grands yeux, regardait la forêt violette, où montaient les brumes du soir. Tout à coup, elle dit à son père : « Papa, est-ce qu'il y a le loup dans cette forêt ? — Oui, ma fille. — Ah ! Et si le loup rencontrait une petite fille, que lui ferait-il ? — Il la mangerait, mon enfant. — Et si la petite fille lui disait : Monsieur le loup, je vais chercher du bois pour ma mère qui est malade. — Il la mangerait tout de même. — Même si c'était vrai, papa ? — Même si c'était vrai, ma fille. — Mais si la petite fille était avec son père ? — Alors le père tuerait le loup. » Et la petite fille fut rassurée.

Dans la plus belle époque de la langue française, Perrault a recueilli les contes qui font ainsi rêver et parler les petits enfants. Il les a écrits tels que sa mère les lui avait contés, tels qu'il les avait contés lui-même à ses fils. Il s'est refait, sur ses vieux jours, une âme d'enfant. Cet homme de lettres a évité de faire œuvre littéraire ; il a conservé la naïveté des nourrices et la tendresse des mères-grands. Il a cueilli sur les lèvres des fées de France la fleur de poésie d'où s'exhale encore le doux et fin parfum du vieux temps. Il a comme embaumé ces contes de jeunesse. Sans y songer, il a écrit un chef-d'œuvre pour toutes les générations à venir.

Aussi, chacune d'elles veut-elle avoir ses *Contes de Perrault*. De vingt en vingt ans ils sont réédités avec luxe et illustrés par l'élite de nos artistes. En voici une édition nouvelle pour les petits Français de 1898. Elle égale toutes celles qui l'ont précédée et elle a ce mérite de variété originale que l'illustration de chaque conte est l'œuvre d'un artiste différent. Elle est comme le résultat d'un concours ouvert entre des maîtres pour charmer les petits enfants.

Je laisse ce bel album aux petites mains impatientes qui vont le feuilleter, mais non sans avoir remercié l'éditeur qui, en me confiant le soin de le présenter au public, m'a donné l'occasion de lire une fois de plus ces histoires merveilleuses et, à travers ces pages, d'entendre le son lointain de voix aimées, qui ne parlent plus, et de revoir de chers visages, tels qu'ils étaient à leurs premiers sourires.

GUSTAVE LARROUMET,
De l'Institut.

LA BELLE
AU
BOIS DORMANT

La Belle
au Bois Dormant

Il était une fois un roi et une reine qui étaient si fâchés de n'avoir point d'enfants, si fâchés qu'on ne saurait dire. Ils allèrent à toutes les eaux du monde : vœux, pèlerinages, menues dévotions, tout fut mis en œuvre, et rien n'y faisait. Enfin pourtant la reine devint grosse et accoucha d'une fille. On fit un beau baptême ; on donna pour marraines, à la petite princesse, toutes les fées qu'on put trouver dans le pays (il s'en trouva sept), afin que chacune d'elles lui faisant un don, comme c'était la coutume des fées en ce temps-là, la princesse eût, par ce moyen, toutes les perfections imaginables.

Après les cérémonies du baptême, toute la compagnie revint au palais du roi, où il y avait un grand festin pour les fées. On mit devant chacune d'elles un couvert magnifique, avec un étui d'or massif où il y avait une

cuiller, une fourchette et un couteau de fin or, garni de diamants et de
rubis. Mais, comme chacun prenait sa place à table, on vit entrer une
vieille fée, qu'on n'avait point priée, parce qu'il y avait plus de cinquante
ans qu'elle n'était sortie d'une tour, et qu'on la croyait morte ou en-
chantée. Le roi lui fit donner un couvert ; mais il n'y eut pas moyen de
lui donner un étui d'or massif comme aux autres, parce que l'on n'en avait
fait faire que sept pour les sept fées. La vieille crut qu'on la méprisait,
et grommela quelques menaces entre ses dents. Une des jeunes fées, qui
se trouva auprès d'elle, l'entendit ; et jugeant qu'elle pourrait donner
quelque fâcheux don à la petite princesse, alla, dès qu'on fut sorti de table,
se cacher derrière la tapisserie, afin de parler la dernière, et de pouvoir
réparer, autant qu'il lui serait possible, le mal que la vieille aurait fait.

Cependant les fées commencèrent à faire leurs dons à la princesse.
La plus jeune lui donna pour don qu'elle serait la plus belle personne du
monde ; celle d'après, qu'elle aurait de l'esprit comme un ange ; la
troisième, qu'elle aurait une grâce admirable à tout ce qu'elle
ferait ; la quatrième, qu'elle danserait parfaitement bien ;
la cinquième, qu'elle chanterait comme un rossignol ;
la sixième, qu'elle jouerait de toutes sortes d'ins-
truments dans la dernière perfection. Le rang
de la vieille fée étant venu, elle dit, en

branlant la tête, encore plus de dé-
pit que de vieillesse, que la princesse se percerait la main d'un
fuseau, et qu'elle en mourrait.
Ce terrible don fit frémir
toute la compagnie, et il n'y eut personne qui

ne pleurât. Dans ce moment la jeune fée sortit de derrière la tapisserie, et dit tout haut ces paroles : « Rassurez-vous, roi et reine, votre fille n'en mourra point ; il est vrai que je n'ai pas assez de puissance pour défaire entièrement ce que mon ancienne a fait ; la princesse se percera la main d'un fuseau ; mais, au lieu d'en mourir, elle tombera seulement dans un profond sommeil qui durera cent ans, au bout desquels le fils d'un roi viendra la réveiller. »

Le roi, pour tâcher d'éviter le malheur annoncé par la vieille, fit publier un édit par lequel il défendait à toutes personnes de filer au fuseau, ni d'avoir de fuseau chez soi, sous peine de la vie.

Au bout de quinze à seize ans, le roi et la reine étant allés à une de leurs maisons de plaisance, il arriva que la jeune princesse, courant un jour dans le château, et montant de chambre en chambre, alla jusqu'au haut d'un donjon, dans un petit galetas où une bonne vieille était seule à filer sa quenouille. Cette bonne femme n'avait point ouï parler des défenses que le roi avait faites de filer au fuseau. « Que faites-vous là, ma bonne femme ? dit la princesse. — Je file, ma belle enfant, lui répondit la vieille, qui ne la connaissait pas. — Ah ! que cela est joli, reprit la princesse : comment faites-vous ! donnez-moi que je voie si j'en ferais bien autant. » Elle n'eut pas plus tôt pris le fuseau, que, comme elle était fort vive, un peu étourdie, et que d'ailleurs l'arrêt des fées l'ordonnait ainsi, elle s'en perça la main, et tomba évanouie.

La bonne vieille, bien embarrassée, crie au secours : on vient de tous côtés ; on jette de l'eau au visage de la princesse, on la délace, on lui frappe dans les mains, on lui frotte les tempes avec de l'eau de la reine de Hongrie ; mais rien ne la faisait revenir.

Alors le roi, qui était monté au bruit, se souvint de la prédiction des fées, et jugeant bien qu'il fallait que cela arrivât, puis-

que les fées l'avaient dit, fit mettre la princesse dans un bel appartement du palais, sur un lit en broderie d'or et d'argent. On eût
dit d'un ange, tant elle était belle ; car son évanouissement n'avait point
ôté les couleurs vives de son teint : ses joues étaient incarnates, et
ses lèvres comme du corail ; elle avait seulement les yeux fermés,
mais on l'entendait respirer doucement, ce qui faisait voir qu'elle
n'était pas morte.

Le roi ordonna qu'on la laissât dormir en repos, jusqu'à ce que son
heure de se réveiller fût venue. La bonne fée, qui lui avait sauvé la vie
en la condamnant à dormir cent ans, était dans le royaume de Mataquin,

à douze mille lieues de là, lorsque
l'accident arriva à la princesse; mais
elle en fut avertie en un instant, par
un petit nain qui avait des bottes
de sept lieues (c'étaient des bottes
avec lesquelles on faisait sept lieues
d'une seule enjambée). La fée partit
aussitôt, et on la vit, au bout d'une
heure, arriver dans un chariot tout
de feu, traîné par des dragons. Le roi lui alla présenter la main à la
descente du chariot. Elle approuva tout ce qu'il avait fait ; mais, comme
elle était grandement prévoyante, elle pensa que quand la princesse
viendrait se réveiller, elle serait bien embarrassée toute seule dans
ce grand château : voici ce qu'elle fit. Elle toucha de sa baguette tout
ce qui était dans ce château (hors le roi et la reine), gouvernantes,
filles d'honneur, femmes de chambre, gentilshommes, officiers, maîtres
d'hôtel, cuisiniers, marmitons, galopins, gardes, suisses, pages, valets
de pied ; elle toucha aussi tous les chevaux qui étaient dans les écuries,
avec les palefreniers, les gros mâtins de la basse-cour, et la petite
Pouffe, petite chienne de la princesse, qui était auprès d'elle sur son
lit. Dès qu'elle les eut touchés, ils s'endormirent tous, pour ne se
réveiller qu'en même temps que leur maîtresse, afin d'être tout prêts

à la servir quand
elle en aurait be-
soin . Les
broches
mèmes, qui
étaient au
feu, toutes pleines de perdrix et de faisans, s'endormirent, et
le feu aussi. Tout cela se fit en un
moment : les fées n'étaient pas longues à
leur besogne.

Alors le roi et la reine, après avoir baisé
leur chère enfant, sans qu'elle s'éveillât, sor-
tirent du château, et firent publier des défenses
à qui que ce soit d'en approcher. Ces défenses
n'étaient pas nécessaires ; car il crût, dans un
quart d'heure, tout autour du parc, une si grande
quantité de grands arbres et de petits, de ronces et
d'épines entrelacées les unes dans les autres, que
bête ni homme n'y aurait pu passer ; en sorte
qu'on ne voyait plus que le haut des tours du château, encore n'était-ce que de bien loin. On ne
douta point que la fée n'eût encore fait là un tour
de son métier, afin que la princesse, pendant qu'elle
dormirait, n'eût rien à craindre des curieux.

Au bout de cent ans, le fils du roi qui régnait
alors, et qui était d'une autre famille que la princesse
endormie, étant allé à la chasse de ce côté-là, demanda
ce que c'était que ces tours qu'il voyait au-dessus d'un
grand bois fort épais. Chacun lui répondit selon qu'il en avait ouï parler :
les uns disaient que c'était un vieux château où il revenait des esprits ;
les autres, que tous les sorciers de la contrée y faisaient le sabbat. La

.plus commune opinion était qu'un ogre y demeurait, et que là il
emportait tous les enfants qu'il pouvait attraper, pour les pouvoir manger
à son aise, et sans qu'on le pût suivre, ayant seul le pouvoir de se faire
un passage au travers du bois.

Le prince ne savait qu'en croire, lorsqu'un vieux paysan prit la parole
et lui dit : « Mon prince, il y a plus de cinquante ans que j'ai ouï dire à
mon père qu'il y avait dans ce château une princesse, la plus belle qu'on
eût su voir ; qu'elle y devait dormir cent ans, et qu'elle serait réveillée
par le fils d'un roi, à qui elle était réservée. »

Le jeune prince, à ce discours, se sentit tout de feu ; il crut, sans
balancer, qu'il mettrait fin à une si belle aventure ; et, poussé par
l'amour et par la gloire, il résolut de voir sur-le-champ ce qui en était.
A peine s'avança-t-il vers le bois, que tous ces grands arbres, ces ronces
et ces épines s'écartèrent d'elles-mêmes pour le laisser passer. Il marche
vers le château, qu'il voyait au bout d'une grande avenue où il entra ;
et, ce qui le surprit un peu, il vit que personne de ses gens ne l'avait
pu suivre, parce que les arbres s'étaient rapprochés dès qu'il avait été
passé. Il ne laissa pas de continuer son chemin : un prince jeune et
amoureux est toujours vaillant. Il entra dans une grande avant-cour, où
tout ce qu'il vit d'abord était capable de le glacer de crainte. C'était un

silence affreux : l'image de la mort s'y présentait partout, et ce n'étaient que des corps étendus d'hommes et d'animaux qui paraissaient morts. Il reconnut pourtant bien, au nez bourgeonné et à la face vermeille des suisses, qu'ils n'étaient qu'endormis ; et leurs tasses, où il y avait encore quelques gouttes de vin, montraient assez qu'ils s'étaient endormis en buvant.

Il passe une grande cour pavée de marbre ; il monte l'escalier ; il entre dans la salle des gardes, qui étaient rangés en haie, la carabine sur l'épaule, et ronflant de leur mieux. Il traverse plusieurs chambres, pleines de gentilshommes et de dames, dormant tous, les uns debout, les autres assis. Il entre dans une chambre toute dorée, et il vit sur un lit, dont les rideaux étaient ouverts de tous côtés, le plus beau spectacle qu'il eût jamais vu : une princesse qui paraissait avoir quinze ou seize ans, et dont l'éclat resplendissant avait quelque chose de lumineux et de divin. Il s'approcha en tremblant et en admirant, et se mit à genoux auprès d'elle.

Alors, comme la fin de l'enchantement était venue, la princesse

s’éveilla, et, le regardant avec des yeux plus tendres qu’une première vue
ne semblait le permettre : « Est-ce vous, mon prince ? lui dit-elle, vous
vous êtes bien fait attendre. » Le prince, charmé de ces paroles, et plus
encore de la manière dont elles étaient dites, ne savait comment lui

témoigner sa joie et sa reconnaissance ; il l’assura qu’il l’aimait plus que lui-même. Ses
discours furent mal rangés ; ils en plurent davantage : peu d’éloquence,
beaucoup d’amour. Il était plus embarrassé qu’elle, et l’on ne
doit pas s’en étonner : elle avait eu le temps de songer à ce
qu’elle aurait à lui dire ; car il y a apparence (l’histoire n’en dit pourtant
rien) que la bonne fée, pendant un si long sommeil, lui avait procuré le
plaisir des songes agréables. Enfin, il y avait quatre heures qu’ils se
parlaient, et ils ne s’étaient pas dit la moitié des choses qu’ils avaient à
se dire.

Cependant tout le palais s'était réveillé avec la princesse ; chacun songeait à faire sa charge ; et, comme ils n'étaient pas tous amoureux, ils mouraient de faim. La dame d'honneur, pressée comme les autres, s'impatienta, et dit tout haut à la princesse que la viande était servie. Le prince aida la princesse à se lever : elle était tout habillée, et fort magnifiquement ; mais il se garda bien de lui dire qu'elle était habillée comme ma mère-grand, et qu'elle avait un collet monté, elle n'en était pas moins belle.

Ils passèrent dans un salon de miroirs, et y soupèrent, servis par les officiers de la princesse. Les violons et les hautbois jouèrent de vieilles pièces, mais excellentes, quoiqu'il y eût près de cent ans qu'on ne les jouât plus ; et après souper, sans perdre de temps, le grand aumônier les maria dans la chapelle du château, et la dame d'honneur leur tira le rideau. Ils dormirent peu, la princesse n'en avait pas grand besoin, et le prince la quitta dès le matin pour retourner à la ville, où son père devait être en peine de lui.

Le prince lui dit qu'en chassant il s'était perdu dans la forêt, et qu'il avait couché dans la hutte d'un charbonnier, qui lui avait fait manger du pain noir et du fromage. Le roi son père, qui était bonhomme, le crut ; mais sa mère n'en fut pas bien persuadée, et voyant qu'il allait presque tous les jours à la chasse, et qu'il avait toujours une raison en main pour s'excuser quand il avait couché deux ou trois nuits dehors, elle ne douta plus qu'il n'eût quelque amourette ; car il vécut avec la princesse plus de deux ans entiers, et en eut deux enfants, dont le premier, qui fut une

fille, fut nommée l'*Aurore* et le second un fils qu'on nomma le
Jour, parce qu'il paraissait encore plus beau que sa sœur. La reine
dit plusieurs fois à son fils, pour le faire expliquer, qu'il fallait se
contenter dans la vie ; mais il n'osa jamais se fier à elle de son
secret : il la craignait quoiqu'il l'aimât, car elle était de race ogresse, et
le roi ne l'avait épousée qu'à cause de ses grands biens. On disait même
tout bas à la cour qu'elle avait les inclinations des ogres, et qu'en
voyant passer de petits enfants, elle avait toutes les peines du monde à se
retenir de se jeter sur eux : ainsi le prince ne lui voulut jamais
rien dire. Mais quand le roi fût mort, ce qui arriva au bout

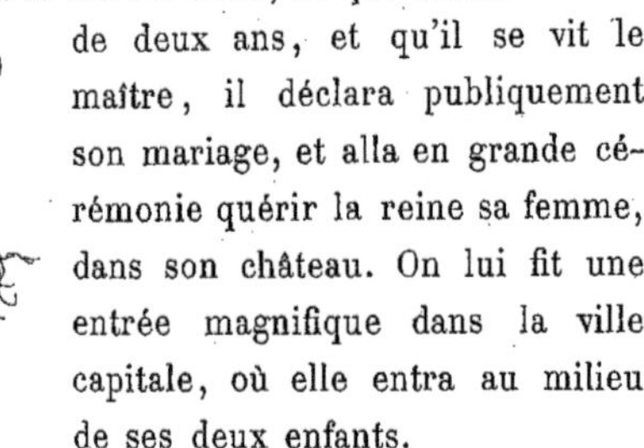

de deux ans, et qu'il se vit le
maître, il déclara publiquement
son mariage, et alla en grande cé-
rémonie quérir la reine sa femme,
dans son château. On lui fit une
entrée magnifique dans la ville
capitale, où elle entra au milieu
de ses deux enfants.

Quelque temps après, le roi alla faire la guerre à l'empereur Canta-
labutte, son voisin. Il laissa la régence du royaume à la reine sa mère,
et lui recommanda fort sa femme et ses enfants : il devait être à la
guerre tout l'été ; et dès qu'il fut parti, la reine-mère envoya sa bru et
ses enfants à une maison de campagne dans les bois, pour pouvoir plus
aisément assouvir son horrible envie. Elle y alla quelques jours après,
et dit un soir à son maître d'hôtel : « Je veux manger demain à mon
dîner la petite Aurore. — Ah ! Madame, dit le maître d'hôtel... — Je le
veux, dit la reine (et elle le dit d'un ton d'ogresse qui a envie de manger de la chair fraîche), et je la veux manger à la sauce Robert. »

Ce pauvre homme, voyant bien qu'il ne fallait pas se jouer à une
ogresse, prit son grand couteau, et monta à la chambre de la petite
Aurore : elle avait pour lors quatre ans, et vint en sautant et en riant
se jeter à son col, et lui demander du bonbon. Il se mit à pleurer ; le

couteau lui tomba des mains, et il alla dans la basse-cour couper
la gorge à un petit agneau, et lui fit une si bonne sauce, que sa maîtresse
l'assura qu'elle n'avait jamais rien mangé de si bon. Il avait emporté en
même temps la petite Aurore, et l'avait donnée à sa femme, pour la
cacher dans le logement qu'elle avait au fond de la basse-cour.

Huit jours après, la méchante reine dit à son maître d'hôtel : « Je veux
manger à mon souper le petit Jour. » Il ne répliqua pas résolu de la
tromper comme l'autre fois. Il alla chercher le petit Jour, et le trouva
avec un petit fleuret à la main, dont il faisait des armes avec un gros
singe : il n'avait pourtant que trois ans. Il le porta à sa femme, qui le
cacha avec la petite Aurore, et donna à la place du petit Jour un
petit chevreau fort tendre, que l'ogresse trouva admirablement bon.

Cela était fort bien allé jusque-là ; mais un soir, cette méchante reine
dit au maître d'hôtel : « Je veux manger la reine à la même sauce que
ses enfants. » Ce fut alors que le pauvre maître d'hôtel désespéra de la
pouvoir encore tromper. La jeune reine avait vingt ans passés, sans
compter les cent ans qu'elle avait dormi : sa peau était un peu dure,

quoique belle et blanche ; et le moyen de trouver, dans la ménagerie,
une bête aussi dure que cela ? Il prit la résolution, pour sauver sa vie,
de couper la gorge à la reine, et monta dans sa chambre, dans l'intention
de n'en pas faire à deux fois. Il s'excitait à la fureur, et entra, le poignard
à la main, dans la chambre de la jeune reine ; il ne voulut pourtant point
la surprendre, et il lui dit avec beaucoup de respect l'ordre qu'il avait
reçu de la reine-mère. « Faites votre devoir, lui dit-elle, en lui tendant
le cou, exécutez l'ordre qu'on vous a donné ; j'irai revoir mes enfants,
mes pauvres enfants que j'ai tant aimés, » car elle les croyait morts,
depuis qu'on les avait enlevés sans lui rien dire.

« Non, non, Madame, lui répondit le pauvre maître d'hôtel tout
attendri, vous ne mourrez point, et vous ne laisserez pas d'aller revoir vos
chers enfants ; mais ce sera chez moi où je les ai cachés, et je tromperai
encore la reine, en lui faisant manger une jeune biche en votre place. »
Il la mena aussitôt à sa chambre, où la laissant embrasser ses enfants
et pleurer avec eux, il alla accommoder une biche, que la reine mangea
à son souper, avec le même appétit que si c'eût été la reine : elle était
bien contente de sa cruauté, et elle se préparait à dire au roi, à son retour,
que les loups enragés avaient mangé la reine sa femme et ses deux
enfants.

Un soir qu'elle rôdait à son ordinaire
dans les cours et basses-cours du château,

pour y halener quelque viande fraîche, elle entendit, dans une
salle basse, le petit Jour qui pleurait, parce que la reine sa mère le
voulait faire fouetter, à cause qu'il avait été méchant ; et elle entendit
aussi la petite Aurore qui demandait pardon pour son frère. L'ogresse
reconnut la voix de la reine et de ses enfants ; et, furieuse d'avoir été
trompée, elle commanda, dès le lendemain matin, avec une voix
épouvantable qui faisait trembler tout le monde, qu'on apportât au milieu
de la cour une grande cuve, qu'elle fit remplir de crapauds, de vipères,
de couleuvres et de serpents, pour y faire jeter la reine et ses enfants,
le maître d'hôtel, sa femme et sa servante : elle avait donné l'ordre de
les amener les mains liées derrière
le dos.

Ils étaient là, et les bourreaux
se préparaient à les jeter dans la
cuve, lorsque le roi, qu'on
n'attendait pas si tôt, entra
dans la cour, à cheval ; il
était venu en poste, et
demanda, tout étonné, ce
que voulait dire cet hor-

rible spectacle. Personne n'osait l'en instruire, quand l'ogresse,
enragée de voir ce qu'elle voyait, se jeta elle-même la tête la première
dans la cuve, et fut dévorée en un instant par les vilaines bêtes qu'elle
y avait fait mettre. Le roi ne laissa pas d'en être fâché : elle était sa mère ;
mais il s'en consola bientôt avec sa belle femme et ses enfants.

Le Petit

Chaperon Rouge

A. Vimar

Le Petit Chaperon Rouge

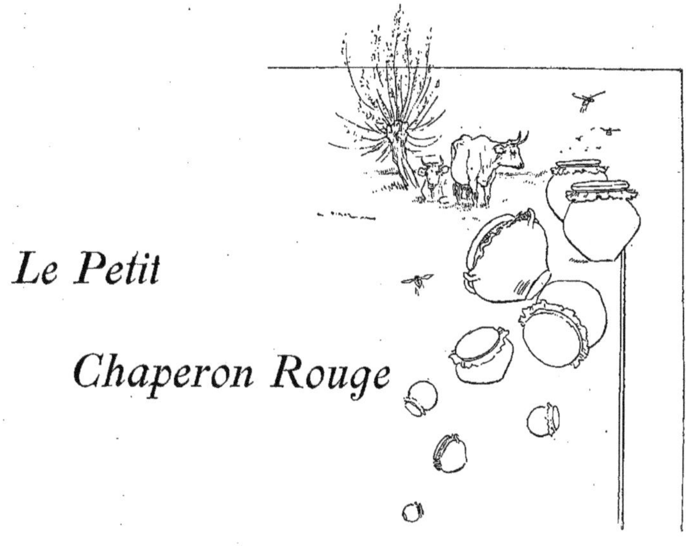

Il était une fois une petite fille de village, la plus jolie qu'on eût su voir : sa mère en était folle, et sa mère-grand plus folle encore.

Cette bonne femme lui fit faire un petit chaperon rouge, qui lui seyait si bien, que partout on l'appelait le petit Chaperon rouge.

Un jour sa mère ayant cuit et fait des galettes, lui dit : « Va voir comment se porte ta mère-

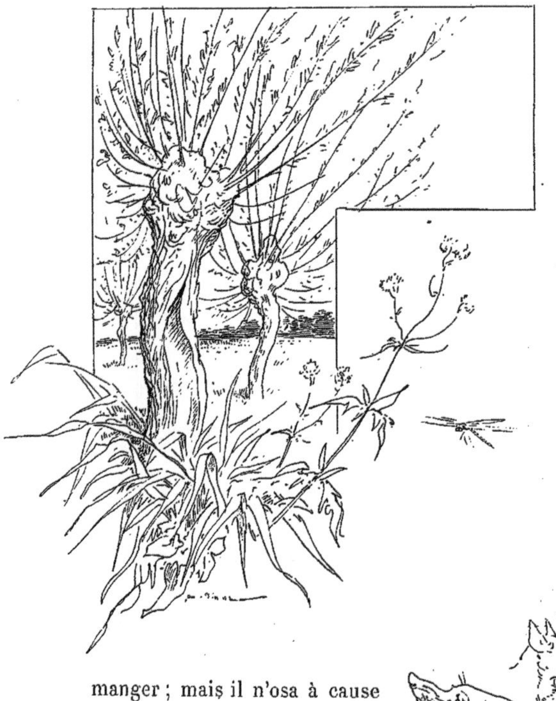

grand ; car on m'a dit qu'elle était malade : porte-lui une galette et ce petit pot de beurre. »

Le petit Chaperon rouge partit aussitôt pour aller chez sa mère-grand, qui demeurait dans un autre village.

En passant dans un bois, elle rencontra compère le Loup, qui eut bien envie de la

manger ; mais il n'osa à cause de quelques bûcherons qui étaient dans la forêt. Il lui demanda où elle allait.

La pauvre enfant, qui ne savait pas qu'il était dangereux de s'arrêter à écouter un loup, lui dit :

« Je vais voir ma mère-grand, et lui porter une galette avec un petit pot de beurre que ma mère lui envoie.

— Demeure-t-elle bien loin ? lui dit le Loup.

— Oh! oui, dit le petit Chaperon rouge; c'est par delà le moulin

que vous voyez tout là-bas, là-bas, à la première maison du village.

— Eh bien ! dit le Loup, je veux l'aller voir aussi : je m'y en vais par ce chemin-ci, et toi par ce chemin-là, et nous verrons à qui plus tôt y sera. »

Le Loup se mit à courir de toute sa force par le chemin qui était le plus court ; et la petite fille s'en alla par le chemin le plus long, s'amusant à cueillir des noisettes, à courir après les papillons, et à faire des bouquets des petites fleurs qu'elle ren-contrait.

Le Loup ne fut pas longtemps à arriver à la maison de la mère-grand ; il heurte, toc, toc.

« Qui est là ?

— C'est votre fille le petit Chaperon rouge, dit le Loup en contrefaisant sa voix, qui vous apporte une galette et un petit pot de beurre, que ma mère vous envoie. » La bonne mère-grand, qui était dans son lit, à cause qu'elle se trouvait un peu mal, lui cria : « Tire la chevillette, la bobinette cherra. » Le Loup tira la chevillette, et la porte s'ouvrit. Il se jeta sur la bonne femme, et la dévora en moins de rien ; car il y avait plus de trois jours qu'il n'avait rien mangé. Ensuite il ferma la porte et s'alla coucher dans le lit de la mère-grand, en attendant le petit Chaperon rouge, qui, quelque temps après, vint heurter à la porte : toc, toc. « Qui est là ? »

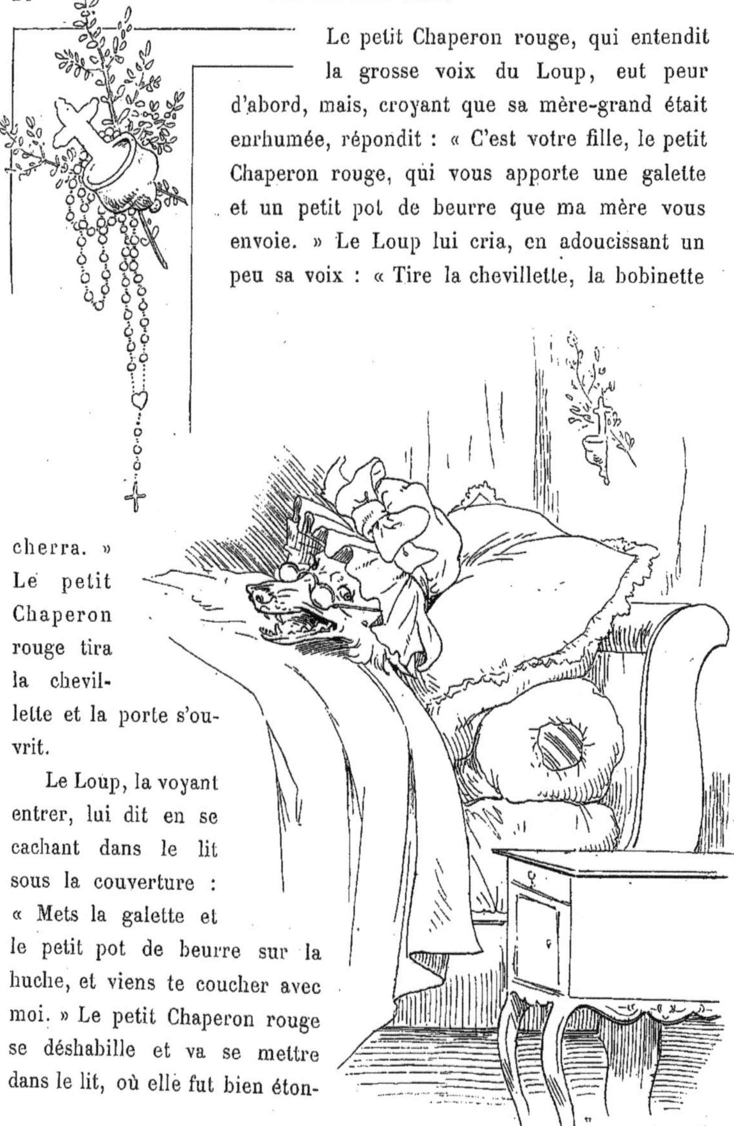

Le petit Chaperon rouge, qui entendit la grosse voix du Loup, eut peur d'abord, mais, croyant que sa mère-grand était enrhumée, répondit : « C'est votre fille, le petit Chaperon rouge, qui vous apporte une galette et un petit pot de beurre que ma mère vous envoie. » Le Loup lui cria, en adoucissant un peu sa voix : « Tire la chevillette, la bobinette cherra. » Le petit Chaperon rouge tira la chevillette et la porte s'ouvrit.

Le Loup, la voyant entrer, lui dit en se cachant dans le lit sous la couverture : « Mets la galette et le petit pot de beurre sur la huche, et viens te coucher avec moi. » Le petit Chaperon rouge se déshabille et va se mettre dans le lit, où elle fut bien éton-

née de voir
comment sa
mère - grand
était faite en son déshabillé. Elle
lui dit : « Ma mère-grand, que vous
avez de grands bras ! — C'est pour
mieux t'embrasser, ma fille ! — Ma
mère-grand, que vous avez de grandes
jambes ! — C'est pour mieux courir, mon
enfant ! — Ma mère-grand, que vous avez
de grandes oreilles ! — C'est pour mieux
écouter, mon enfant ! — Ma mère-grand,
que vous avez de grands yeux ! — C'est
pour mieux te voir, mon enfant ! — Ma mère-

grand, que vous avez de grandes dents ! — C'est pour te manger ! »
Et, en disant ces mots, ce méchant Loup se jeta sur le petit Chaperon
rouge et la mangea.

LA BARBE -BLEUE

LA BARBE-BLEUE

Il était une fois un homme qui avait de belles maisons à la ville et à la campagne, de la vaisselle d'or et d'argent, des meubles en broderie, et des carrosses tout dorés. Mais, par malheur, cet homme avait la barbe bleue : cela le rendait si laid et si terrible, qu'il n'était ni femme ni fille qui ne s'enfuit de devant lui.

Une de ses voisines, dame de qualité, avait deux filles parfaitement belles. Il lui en demanda une en mariage, et lui laissa le choix de celle qu'elle voudrait lui donner. Elles n'en voulaient point toutes deux, et se le renvoyaient l'une à l'autre, ne pouvant se résoudre à prendre un homme qui eût la barbe bleue. Ce qui les dégoûtait encore, c'est qu'il avait déjà épousé plusieurs femmes, et qu'on ne savait ce que ces femmes étaient devenues.

La Barbe-Bleue, pour faire connaissance, les mena, avec leur mère et trois ou quatre de leurs meilleures amies, et quelques jeunes gens du voisinage, à une de ses maisons de campagne, où on demeura huit jours entiers. Ce n'étaient que promenades, que parties de chasse et de pêche, que danses et festins, que collations : on ne dormait point et on passait toute la nuit à se faire des malices les uns aux autres ; enfin tout alla si bien, que la cadette commença à trouver que le maître du logis n'avait plus la barbe si bleue, et que c'était un fort honnête homme. Dès qu'on fut de retour à la ville, le mariage se conclut.

Au bout d'un mois, la Barbe-Bleue dit à sa femme qu'il était obligé de faire un voyage en province, de six semaines au moins, pour une affaire de conséquence ; qu'il la priait de se bien divertir pendant son absence ; qu'elle fît venir ses bonnes amies ; qu'elle les menât à la campagne, si elle le voulait ; que partout elle fît bonne chère. « Voilà, lui dit-il, les clefs des deux grands garde-meubles, voilà celles de la vaisselle d'or et d'argent, qui ne sert pas tous les jours ; voilà celles de mes coffres-forts où est mon or et mon argent ; celles des cassettes où sont mes pierreries ; et voilà le passe-partout de tous les appartements. Pour cette petite clef-ci, c'est la clef du cabinet au bout de la grande galerie de l'appartement bas : ouvrez tout, allez partout ; mais pour ce petit cabinet, je vous défends d'y entrer, et je vous le défends de telle sorte, que, s'il vous arrive de l'ouvrir, il n'y a rien que vous ne deviez attendre de ma colère. » Elle promit d'observer exactement tout ce qui lui venait d'être ordonné ; et lui, après l'avoir embrassée, monte dans son carrosse, et part pour son voyage.

Les voisines et les bonnes amies n'attendirent pas qu'on les envoyât quérir pour aller chez la jeune mariée, tant elles avaient d'impatience de voir toutes les richesses de sa maison, n'ayant osé y venir pendant que le mari y était, à cause de sa barbe bleue, qui leur faisait peur. Les voilà aussitôt à parcourir les chambres, les cabinets, les garde-robes, toutes

plus belles et plus riches les unes que les autres. Elles montèrent ensuite aux garde-meubles, où elles ne pouvaient assez admirer le
nombre et la beauté des tapisseries, des lits, des sofas, des
cabinets, des guéri-
dons, des tables et
des miroirs où l'on
se voyait depuis les
pieds jusqu'à la tête,
et dont les bordures,
les unes de glace, les
autres d'argent et de
vermeil doré, étaient
les plus belles et
les plus magnifiques
qu'on eût jamais
vues ; elles ne
cessaient d'exa-
gérer et d'envier
le bonheur de
leur amie, qui cepen-
dant ne se divertissait
point à voir toutes ces
richesses, à cause de l'impatience qu'elle avait d'aller ouvrir le cabinet
de l'appartement bas.

Elle fut si pressée de sa curiosité, que, sans considérer qu'il était malhonnête de quitter sa compagnie, elle y descendit par un petit escalier
dérobé, et avec tant de précipitation, qu'elle pensa se rompre le cou deux
ou trois fois. Étant arrivée à la porte du cabinet, elle s'y arrêta quelque
temps, songeant à la défense que son mari lui avait faite, et considérant
qu'il pourrait lui arriver malheur d'avoir été désobéissante ; mais la ten-
tation était si forte, qu'elle ne put la surmonter : elle prit donc la petite
clef, et ouvrit en tremblant la porte du cabinet.

D'abord elle ne vit rien, parce que les fenêtres étaient fermées. Après quelques moments, elle commença à voir que le plancher était tout couvert de sang caillé, et que dans ce sang se miraient les corps de plusieurs femmes mortes et attachées le long des murs : c'étaient toutes les femmes que la Barbe-Bleue avait épousées et qu'il avait égorgées l'une après l'autre. Elle pensa mourir de peur, et la clef du cabinet, qu'elle venait de retirer de la serrure, lui tomba de la main.

Après avoir un peu repris ses sens, elle ramassa la clef, referma la porte, et monta à sa chambre pour se remettre un peu ; mais elle n'en pouvait venir à bout, tant elle était émue.

Ayant remarqué que la clef du cabinet était tachée de sang, elle l'essuya deux ou trois fois ; mais le sang ne s'en allait point : elle eut beau la laver, et même la frotter avec du sablon et avec du grès, il demeura toujours du sang, car la clef était fée, et il n'y avait pas moyen de la nettoyer tout à fait : quand on ôtait le sang d'un côté il revenait de l'autre...

La Barbe-Bleue revint de son voyage dès le soir même, et dit qu'il avait reçu des lettres dans le chemin, qui lui avaient appris que l'affaire pour laquelle il était parti venait d'être terminée à son avantage. Sa femme fit tout ce qu'elle put pour lui témoigner qu'elle était ravie de son prompt retour.

Le lendemain, il lui redemanda les clefs ; et elle les lui donna, mais d'une main si tremblante, qu'il devina sans peine tout ce qui s'était passé. « D'où vient, lui dit-il, que la clef du cabinet n'est point avec les autres ? — Il faut, dit-elle, que je l'ai laissée là-haut sur ma table. — Ne manquez pas, dit la Barbe-Bleue, de me la donner tantôt. »

Après plusieurs remises, il fallut apporter la clef. La Barbe-Bleue, l'ayant considérée, dit à sa femme : « Pourquoi y a-t-il du sang sur cette clef? — Je n'en sais rien, répondit la pauvre femme, plus pâle que la mort. — Vous n'en savez rien? reprit la Barbe-Bleue; je le sais bien, moi. Vous avez voulu entrer dans le cabinet. Eh bien! Madame, vous y entrerez, et irez prendre votre place auprès des dames que vous y avez vues. »

Elle se jeta aux pieds de son mari en pleurant et en lui demandant pardon, avec toutes les marques d'un vrai repentir, de n'avoir pas été obéissante. Elle aurait attendri un rocher, belle et affligée comme elle était ; mais la Barbe-Bleue avait le cœur plus dur qu'un rocher. « Il

faut mourir, Madame, lui dit-il, et tout à l'heure. — Puisqu'il faut mourir, répondit-elle en le regardant les yeux baignés de larmes, donnez-moi un peu de temps pour prier Dieu. — Je vous donne un demi-quart d'heure, reprit la Barbe-Bleue; mais pas un moment davantage. »

Lorsqu'elle fut seule, elle appela sa sœur et lui dit : « Ma sœur Anne (car elle s'appelait ainsi), monte, je te prie, sur le haut de la tour pour voir si mes frères ne viennent point : ils m'ont promis qu'ils me viendraient voir aujourd'hui; et, si tu les vois, fais-leur signe de se hâter. » La sœur Anne monta sur le haut de la tour; et la pauvre affligée lui criait de temps en temps : « Anne, ma sœur Anne, ne vois-tu rien venir? » Et la sœur Anne lui répondait : « Je ne vois rien que le soleil qui poudroie et l'herbe qui verdoie. »

Cependant la Barbe-Bleue, tenant un grand coutelas à sa main, criait de toute sa force à sa femme : « Descends vite, ou je monterai là-haut! — Encore un moment, s'il vous plaît, » lui répondait sa femme. Et aussitôt elle criait tout bas : « Anne, ma sœur Anne, ne vois-tu rien venir? » Et la sœur Anne répondait : « Je ne vois rien que le soleil qui poudroie et l'herbe qui verdoie. »

« Descends donc vite, cria la Barbe-Bleue, ou je monterai là-haut ! — Je m'en vais, » répondait la femme. Et puis elle criait : « Anne, ma sœur Anne, ne vois-tu rien venir ? — Je vois, répondit la sœur Anne, une grosse poussière qui vient de ce côté-ci... — Sont-ce mes frères ? — Hélas ! non, ma sœur ; c'est un troupeau de moutons... — Ne

veux-tu pas descendre ? criait la Barbe-Bleue. — Encore un moment ! » répondait sa femme. Et puis elle criait : « Anne, ma sœur Anne, ne vois-tu rien venir ? — Je vois deux cavaliers qui viennent de ce côté-ci ; mais ils sont bien loin encore... Dieu soit loué ! s'écrie-t-elle un moment après, ce sont mes frères. Je leur fais signe tant que je puis de se hâter.»

La Barbe-Bleue se mit à crier si fort, que toute la maison en trembla. La pauvre femme descendit et alla se jeter à ses pieds tout éplorée et tout échevelée. « Cela ne sert de rien, dit la Barbe-Bleue ; il faut mourir ! » Puis, la prenant d'une main par les cheveux, et de l'autre levant le cou-

telas en l'air, il allait lui abattre la tête. La pauvre femme, se tournant
vers lui et le regardant avec des yeux mourants, le pria de lui donner un
petit moment pour se recueillir. « Non, non, dit-il, recommande-toi
bien à Dieu... » Et levant son bras... Dans ce moment, on heurta si fort
à la porte, que la Barbe-Bleue s'arrêta tout court. On ouvrit, et aussitôt
on vit entrer deux cavaliers qui, mettant l'épée à la main, coururent droit
à la Barbe-Bleue...

Il reconnut que c'étaient les frères de sa femme, l'un dragon et l'autre
mousquetaire, de sorte qu'il s'enfuit aussitôt pour se sauver ; mais les
deux frères le poursuivirent de si près, qu'ils l'attrapèrent avant qu'il
pût gagner le perron. Ils lui passèrent leur épée au travers du corps et le
laissèrent mort. La pauvre femme était presque aussi morte que son
mari, et n'avait pas la force de se lever pour embrasser ses frères.

Il se trouva que la Barbe-Bleue n'avait point d'héritiers, et qu'ainsi
sa femme demeura maîtresse de tous ses biens. Elle en employa une
partie à marier sa sœur Anne avec un jeune gentilhomme dont elle
était aimée depuis longtemps ; une autre partie à acheter des charges de
capitaines à ses deux frères ; et le reste à se marier elle-même à un fort
honnête homme, qui lui fit oublier le mauvais temps qu'elle avait passé
avec la Barbe-Bleue.

Le Chat botté
Eug- Courboin

Le Chat-Botté

Un meunier ne laissa pour tous biens, à trois enfants qu'il avait, que son moulin, son âne et son chat. Les partages furent bientôt faits ; ni le notaire ni le procureur n'y furent point appelés. Ils auraient eu bientôt mangé tout le pauvre patrimoine. L'aîné eut le moulin, le second eut l'âne, et le plus jeune n'eut que le chat.

Ce dernier ne pouvait se consoler d'avoir un si pauvre lot : « Mes frères, disait-il, pourront gagner leur vie honnêtement en se mettant ensemble ; pour moi, lorsque j'aurai mangé mon chat, et que je me serai fait un manchon de sa peau, il faudra que je meure de faim. »

Le chat, qui entendait ce discours, mais qui n'en fit pas semblant, lui dit d'un air posé et sérieux : « Ne vous affligez point, mon maître ; vous n'avez qu'à me donner un sac, et me faire faire une paire de bottes, pour aller dans les broussailles, et vous verrez que vous n'êtes pas si

mal partagé que vous croyez. » Quoique le maître du chat ne fît pas grand fond là-dessus, il lui avait vu faire tant de tours de souplesse, pour prendre des rats et des souris, comme quand il se pendait par les pieds, ou qu'il se cachait dans la farine pour faire le mort qu'il ne désespéra pas d'en être secouru dans sa misère.

Lorsque le chat eut ce qu'il avait demandé, il se botta bravement ; et mettant son sac à son cou, il en prit les cordons avec ses deux pattes de devant, et s'en alla dans une garenne où il y avait un grand nombre de lapins. Il mit du son et des lacerons dans son sac, et, s'étendant comme s'il eût été mort, il attendit que quelque jeune lapin, peu instruit encore des ruses de ce monde, vint se fourrer dans son sac, pour manger ce qu'il y avait mis.

A peine fut-il couché, qu'il eut contentement ; un jeune étourdi de
lapin entra dans son sac, et le maître chat, tirant aussitôt les cordons,
le prit et le tua sans miséricorde.

Tout glorieux de sa proie, il s'en alla chez le roi, et demanda à lui
parler. On le fit monter à l'appartement de Sa Majesté, où, étant entré, il
fit une grande révérence au roi, et lui dit : « Voilà, sire, un lapin de
garenne que M. le marquis de Carabas (c'était le nom qu'il lui prit en gré
de donner à son maître) m'a chargé de vous présenter de sa part. — Dis
à ton maître, répondit le roi, que je le remercie, et qu'il me fait plaisir. »

Une autre fois, il alla se cacher dans un blé, tenant toujours son sac
ouvert, et lorsque deux perdrix y furent entrées, il tira les cordons, et
les prit toutes deux. Il alla ensuite les présenter au roi, comme il avait
fait du lapin de garenne. Le roi reçut encore avec plaisir les deux perdrix,
et lui fit donner pour boire.

Le chat continua ainsi, pendant deux ou trois mois, de porter de temps
en temps, au roi, du gibier de la chasse de son maître. Un jour qu'il sut
que le roi devait aller à la promenade, sur le bord de la rivière, avec sa
fille, la plus belle prin-
cesse du monde, il dit à
son maître : « Si vous
voulez suivre mon con-
seil, votre fortune est
faite : vous n'avez qu'à
vous baigner dans la ri-
vière, à l'endroit que je
vous montrerai, et en-
suite me laisser faire. »
Le marquis de Carabas
fit ce que son chat lui
conseillait, sans savoir à
quoi cela serait bon.
Dans le temps qu'il se

baignait, le roi vint à passer, et le chat se mit à crier de toute sa
force « Au secours ! au secours ! voilà M. le marquis de Carabas qui se
noie ! » A ce cri, le roi mit la tête à la portière, et reconnaissant le chat
qui lui avait apporté tant de fois du gibier, il ordonna à ses gardes
qu'on allât vite au secours de M. le marquis de Carabas.

Pendant qu'on retirait le pauvre marquis de la rivière, le chat, s'approcha du carrosse et dit au roi que, dans le temps que son maître se baignait,
il était venu des voleurs qui avaient emporté ses habits, quoiqu'il eût
crié *au voleur !* de toute sa force : le drôle les avait cachés sous une grosse
pierre. Le roi ordonna aussitôt aux officiers de sa garde-robe d'aller
quérir un de ses plus beaux habits pour M. le marquis de Carabas. Le roi lui
fit mille caresses ; et comme les beaux habits qu'on venait de lui donner

relevaient sa bonne mine (car il était beau et bien fait de sa personne),
la fille du roi le trouva fort à son gré, et le marquis de Carabas ne lui eut
pas plus tôt jeté deux ou trois regards fort respectueux et un peu tendres,

qu'elle en devint amoureuse à la folie.

Le roi voulut qu'il montât dans son carrosse, et qu'il fût de la promenade. Le chat, ravi de voir que son dessein commençait à réussir, prit les devants et ayant rencontré des paysans qui fauchaient un pré, il leur dit : « Bonnes gens qui fauchez, si vous ne dites au roi que le pré que vous fauchez appartient à M. le marquis de Carabas, vous serez tous hachés menu comme chair à pâté. »

Le roi ne manqua pas à demander aux faucheurs à qui était ce pré qu'ils fauchaient : « C'est à M. le marquis de Carabas, » dirent-ils tous ensemble ; car la menace du chat leur avait fait peur. « Vous avez là un bel héritage, dit le roi au marquis de Carabas. — Vous voyez, sire, répondit le marquis ; c'est un pré qui ne manque point de rapporter abondamment toutes les années. »

Le maître chat, qui allait toujours devant, rencontra des moissonneurs, et leur dit : « Bonnes gens qui moissonnez, si vous ne dites que tous ces blés appartiennent à M. le marquis de Carabas, vous serez tous hachés menu comme chair à pâté. » Le roi, qui passa un moment après voulut savoir à qui appartenaient tous les blés qu'il voyait. « C'est à M. le marquis de Carabas, » répondirent les moissonneurs ; et le roi s'en réjouit encore avec le marquis. Le chat, qui allait devant le carrosse, disait toujours la même chose à tous ceux qu'il rencontrait, et le roi était étonné des grands biens du marquis de Carabas.

Le maître chat arriva enfin dans

un beau château, dont le maître était un ogre, le plus riche qu'on
ait jamais vu ; car toutes les terres par où le roi avait passé étaient

de la dépen-
dance de ce
château. Le
chat, qui eut
soin de s'in-
former qui
était cet ogre,
et ce qu'il sa-
vait faire, de-
manda à lui
parler, disant
qu'il n'avait
pas voulu pas-
ser si près de
son château
sans avoir

l'honneur de lui faire la révérence.

L'ogre le reçut aussi civilement que le peut un ogre, et le fit reposer.
« On m'a assuré, dit le chat, que vous aviez le don de vous changer en
toutes sortes d'animaux ; que vous pouviez, par exemple, vous trans-
former en lion, en éléphant. — Cela est vrai, répondit l'ogre brusquement, et pour vous le montrer, vous m'allez voir devenir lion. » Le chat
fut si effrayé de voir un lion devant lui, qu'il gagna aussitôt les gouttières,
non sans peine et sans péril, à cause de ses bottes, qui ne valaient rien
pour marcher sur les tuiles.

Quelque temps après, le chat, ayant vu que l'ogre avait quitté sa première forme, descendit, et avoua qu'il avait eu bien peur. « On m'a assuré
encore, dit le chat, mais je ne saurais le croire, que vous aviez aussi le pouvoir de prendre la forme des plus petits animaux ; par exemple, de vous
changer en un rat, en une souris : je vous avoue que je tiens cela pour tout

à fait impossible. — Impossible ? reprit l'ogre ; vous allez voir ; » et
en même temps il se changea en une souris, qui se mit à courir sur le
plancher. Le chat ne l'eut pas plus tôt aperçue, qu'il se jeta dessus, et
la mangea.

Cependant le roi, qui vit en passant le beau château de l'ogre, voulut
entrer dedans. Le chat, qui entendit le bruit du carrosse qui passait sur
le pont-levis, courut au de-
vant, et dit au roi : « Votre
Majesté soit la bienvenue dans
ce château de M. le mar-
quis de Carabas.
—Comment, mon-
sieur le marquis,
s'écria le roi, ce
château est encore
à vous ? Il ne se
peut rien de
plus beau que
cette cour et
que tous ces
bâtiments qui
l'environ-
nent; voyons-
lesdedans, s'il
vous plaît. »

Le marquis donna la main à la jeune princesse ; et, suivant le roi qui
montait le premier, ils entrèrent dans une grande salle, où ils trouvèrent
une magnifique collation, que l'ogre avait fait préparer pour ses amis,
qui le devaient venir voir ce même jour-là, mais qui n'avaient pas osé
entrer, sachant que le roi y était. Le roi, charmé des bonnes qualités de
M. le marquis de Carabas, de même que sa fille, qui en était folle, et
voyant les grands biens qu'il possédait, lui dit, après avoir bu cinq ou six
coups : « Il ne tiendra qu'à vous, monsieur le marquis, que vous ne
soyez mon gendre. » Le marquis, faisant de grandes révérences, accepta
l'honneur que lui faisait le roi ; et dès le premier jour il épousa la princesse. Le chat devint grand seigneur, et ne courut plus après les souris
que pour se divertir.

LES FÉES

Les Fées

Iʟ était une fois une veuve qui avait deux filles : l'aînée lui ressemblait si fort d'humeur et de visage, que qui la voyait voyait la mère. Elles étaient toutes deux si désagréables et si orgueilleuses, qu'on ne pouvait vivre avec elles. La cadette, qui était le vrai portrait de son père, pour la douceur et l'honnêteté, était avec cela une des plus belles filles qu'on eût su voir. Comme on aime naturellement son semblable, cette mère était folle de sa fille aînée, et en même temps, avait une aversion effroyable pour la cadette. Elle la faisait manger à la cuisine et travailler sans cesse.

Il fallait, entre autres choses, que cette pauvre enfant allât, deux fois le jour, puiser de l'eau à une grande demi-lieue du logis, et qu'elle en rapportât plein une grande cruche. Un jour qu'elle était à cette fontaine, il vïnt à elle une pauvre femme qui la pria de lui donner à boire. « Oui-dà, ma bonne mère, » dit cette belle fille ; et rinçant aussitôt sa cruche, elle puisa de l'eau au plus bel endroit de la fontaine et la lui présenta, soutenant toujours la cruche, afin qu'elle bût plus aisément.

La bonne femme, ayant bu, lui dit : « Vous êtes si belle, si bonne et si honnête, que je ne puis m'empêcher de vous faire un don (car c'était une fée, qui avait pris la forme d'une pauvre femme de village pour voir jusqu'où irait l'honnêteté de cette jeune fille). Je vous donne pour don, poursuivit la fée, qu'à chaque parole que vous direz, il vous sortira de la bouche ou une fleur ou une pierre précieuse. »

Lorsque cette belle fille arriva au logis, sa mère la gronda de revenir si tard de la fontaine. « Je vous demande pardon ma mère, dit cette pauvre fille, d'avoir tardé si longtemps. » Et, en disant ces mots, il lui sortit de la bouche deux roses, deux perles et deux gros diamants. « Que vois-je là ? dit sa mère tout étonnée ; je crois qu'il lui sort de la bouche des perles et des diamants ! D'où vient cela, ma fille ? » (Ce fut là la première fois qu'elle l'appela sa fille.) La pauvre enfant lui raconta naïvement tout ce qui lui était arrivé, non sans jeter une infinité de diamants. « Vraiment, dit la mère, il faut que j'y envoie ma fille. Tenez, Fanchon, voyez ce qui sort de la bouche de votre sœur, quand elle parle ; ne seriez-vous pas bien aise d'avoir le même don ? Vous n'avez qu'à aller puiser de l'eau à la fontaine, et quand une pauvre femme vous demandera à boire, lui en donner bien honnêtement. — Il me ferait beau voir, répondit la brutale, aller à la fontaine ! — Je veux que vous y alliez, reprit la mère, et tout à l'heure. »

Elle y alla, mais toujours en grondant. Elle prit le plus beau flacon d'argent qui fût dans le logis. Elle ne fut pas plus tôt arrivée à la fontaine, qu'elle vit sortir du bois une dame magnifiquement vêtue, qui vint lui demander à boire. C'était la même fée qui avait apparu à sa sœur, mais

qui avait pris l'air et les habits d'une princesse, pour voir jusqu'où irait
la malhonnêteté de cette fille. « Est-ce que je suis ici venue, lui dit cette

brutale orgueilleuse, pour vous donner à boire ? Justement j'ai apporté
un flacon d'argent tout exprès pour donner à boire à madame ; j'en suis d'a-
vis : buvez à même, si vous voulez.— Vous n'êtes guère honnête, reprit la
fée sans se mettre en colère. Eh bien ! puisque vous êtes si peu obligeante,

je vous donne pour don, qu'à chaque parole que vous direz, il vous sortira de la bouche ou un serpent ou un crapaud. »

D'abord que sa mère l'aperçut, elle lui cria : « Eh bien ! ma fille ? — Eh bien ! ma mère ? lui répondit la brutale, en jetant deux vipères et deux crapauds. — O ciel ! s'écria la mère, que vois-je là ? C'est sa sœur qui en est cause : elle me le payera ; » et aussitôt elle courut pour la battre. La pauvre enfant s'enfuit et alla se sauver dans la forêt prochaine. Le fils du roi, qui revenait de la chasse, la rencontra et la voyant si belle, lui demanda ce qu'elle faisait là toute seule, et ce qu'elle avait à pleurer. « Hélas ! monsieur, c'est ma mère qui m'a chassée du logis. » Le fils du roi, qui vit sortir de sa bouche cinq ou six perles et autant de diamants, la pria de lui dire d'où cela lui venait. Elle lui conta toute son aventure. Le fils du roi en devint amoureux, et considérant qu'un tel don valait mieux que tout ce qu'on pouvait donner en mariage à une autre, l'emmena au palais du roi son père, où il l'épousa.

Pour sa sœur, elle se fit tant haïr, que sa propre mère la chassa de chez elle ; et la malheureuse, après avoir bien couru sans trouver personne qui voulût la recevoir, alla mourir au coin d'un bois.

Cendrillon

Cendrillon

ou la
Petite Pantoufle de verre

Il était une fois un gentilhomme qui épousa en secondes noces une femme, la plus hautaine et la plus fière qu'on eût jamais vue. Elle avait deux filles de son humeur, et qui lui ressemblaient en toutes choses. Le mari avait de son côté une jeune fille, mais d'une douceur et d'une bonté sans exemple : elle tenait cela de sa mère, qui était la meilleure personne du monde.

Les noces ne furent pas plus tôt faites, que la belle-mère fit éclater sa mauvaise humeur ; elle ne put souffrir les bonnes qualités de cette jeune enfant, qui rendaient ses filles encore plus haïssables. Elle la chargea des plus viles occupations de la maison : c'était elle qui nettoyait la vaisselle et les montées, qui frottait la chambre de madame et celles de mesdemoiselles ses filles ; elle couchait tout au haut de la maison, dans un grenier, sur une méchante paillasse, pendant que ses sœurs étaient dans des chambres parquetées, où elles avaient des lits des plus à la mode, et des mi-

roirs où elles se voyaient depuis les pieds jusqu'à la tête. La pauvre fille souffrait tout avec patience, et n'osait se plaindre à son père, qui l'aurait grondée, parce que sa femme le gouvernait entièrement.

Lorsqu'elle avait fait son ouvrage, elle s'allait mettre au coin de la cheminée, et s'asseoir dans les cendres, ce qui faisait qu'on l'appelait communément dans le logis, *Cucendron*. La cadette, qui n'était pas si malhonnête que son aînée, l'appelait *Cendrillon*. Cependant Cendrillon, avec ses méchants habits, ne laissait pas d'être cent fois plus belle que ses sœurs, quoique vêtues très magnifiquement.

Il arriva que le fils du roi donna un bal, et qu'il en pria toutes les personnes de qualité. Nos deux demoiselles en furent aussi priées, car elles faisaient grande figure dans le pays. Les voilà bien aises, et bien occupées à choisir les habits et les coiffures qui leur siéraient le mieux. Nouvelle peine pour Cendrillon, car c'était elle qui repassait le linge de ses sœurs, et qui godronnait leurs manchettes. On ne parlait que de la manière dont on s'habillerait. « Moi, dit l'aînée, je mettrai mon habit de velours rouge et ma garniture d'Angleterre. — Moi, dit la cadette, je n'aurai que ma jupe ordinaire ; mais, en récompense, je mettrai mon manteau à fleurs d'or et ma barrière de diamants, qui n'est pas des plus indifférentes. » On envoya quérir la bonne coiffeuse, pour dresser les cornettes à deux rangs, et on fit acheter des mouches de la bonne faiseuse. Elles appelèrent Cendrillon pour lui demander son avis, car elle avait le goût bon. Cendrillon les conseilla le mieux du monde, et s'offrit même à les coiffer, ce qu'elles voulurent bien.

En les coiffant, elles lui disaient : « Cendrillon, serais-tu bien aise d'aller au bal? — Hélas ! mesdemoiselles , vous vous moquez de moi; ce n'est pas là ce qu'il me faut. — Tu as raison, on rirait bien si on voyait un Cucendron aller au bal. »

Une autre que Cendrillon les aurait coiffées de travers; mais elle était bonne et elle les coiffa parfaitement bien.

Elles furent près de deux jours sans manger, tant elles étaient transportées de joie. On rompit plus de douze lacets, à force de les serrer, pour leur rendre la taille plus menue, et elles étaient toujours devant leur miroir.

Enfin l'heureux jour arriva ; on partit, et Cendrillon les suivit des yeux, le plus longtemps qu'elle put. Lorsqu'elle ne les vit, elle se mit à pleurer. Sa marraine qui la vit toute en pleurs, lui demanda ce qu'elle avait. « Je voudrais bien... je voudrais bien... » Elle pleurait si fort qu'elle ne put achever. Sa marraine, qui était fée, lui dit : « Tu voudrais bien aller au bal, n'est-ce pas ? — Hélas ! oui, dit Cendrillon en soupirant.

— Eh bien ! seras-tu bonne fille ? dit sa marraine ; je t'y ferai aller. »
Elle la mena dans sa chambre, et lui dit : « Va dans le jardin, et apporte-
moi une citrouille. » Cendrillon alla aussitôt cueillir la plus belle qu'elle
put trouver, et la porta à sa marraine, ne pouvant deviner comment
cette citrouille la pourrait faire aller au bal. Sa marraine la creusa, et,
n'ayant laissé que l'écorce, la frappa de sa baguette, et la citrouille fut
aussitôt changée en beau carrosse tout doré.

Ensuite elle alla regarder dans la souricière, où elle trouva six souris
toutes en vie. Elle dit à Cendrillon de lever la trappe de la souricière, et
à chaque souris qui sortait elle lui donnait un coup de sa baguette, et la
souris était aussitôt changée en un beau cheval, ce qui fit un bel attelage
de six chevaux d'un beau gris de souris pommelé.

Comme elle était en peine de quoi elle ferait un cocher : « Je vais voir,
dit Cendrillon, s'il n'y a pas quelque rat dans la ratière, nous en ferons
un cocher. — Tu as raison, dit sa marraine : va voir. » Cendrillon lui
apporta la ratière, où il y avait trois gros rats. La fée en prit un d'entre
les trois, à cause de sa maîtresse barbe, et, l'ayant touché, il fut changé
en un gros cocher, qui avait une des plus belles moustaches qu'on ait
jamais vues.

Ensuite elle lui dit : « Va dans le jardin, tu y trouveras six lézards,
derrière l'arrosoir ; apporte-les-moi. » Elle ne les eut pas plus tôt apportés,
que la marraine les changea en six laquais, qui montèrent aussitôt
derrière le carrosse, avec leurs habits chamarrés, et qui s'y tenaient
attachés comme s'ils n'eussent fait autre chose de toute leur vie.

La fée dit alors à Cendrillon : « Eh bien ! voilà de quoi aller au bal,
n'es-tu pas bien aise ? — Oui, mais est-ce que j'irai comme cela, avec mes
vilains habits ? » Sa marraine ne fit que la toucher avec sa baguette, et
en même temps ses habits furent changés en des habits d'or et d'argent,
tout chamarrés de pierreries ; elle lui donna ensuite une paire de pantoufles de verre, les plus jolies du monde. Quand elle fut ainsi parée, elle
monta en carrosse ; mais sa marraine lui recommanda, sur toutes choses,
de ne pas passer minuit, l'avertissant que si elle demeurait au bal un

moment davantage, son carrosse redeviendrait citrouille, ses chevaux des
souris, ses laquais des lézards, et que ses vieux habits reprendraient leur
première forme. Elle pro- mit à sa

marraine qu'elle ne manquerait pas de sortir du bal avant minuit.
Elle part, ne se sentant pas de joie. Le fils du roi, qu'on alla avertir

qu'il venait d'arriver une grande princesse qu'on ne connaissait point, courut la recevoir. Il lui donna la main à la descente du carrosse, et la mena dans la salle où était la compagnie. Il se fit alors un grand silence ; on cessa de danser, et les violons ne jouèrent plus, tant on était attentif à contempler les grandes beautés de cette inconnue. On n'entendait qu'un bruit confus : « Ah ! qu'elle est belle ! » Le roi même, tout vieux qu'il était, ne laissait pas de la regarder, et de dire tout bas à la reine qu'il y avait longtemps qu'il n'avait vu une si belle et si aimable personne. Toutes les dames étaient attentives à considérer sa coiffure et ses habits, pour en avoir, dès le lendemain, de semblables, pourvu qu'il se trouva des étoffes assez belles et des ouvriers assez habiles.

Le fils du roi la mit à la place la plus honorable, et ensuite la prit pour la mener danser. Elle dansa avec tant de grâce, qu'on l'admira encore davantage. On apporta une fort belle collation, dont le jeune prince ne mangea point, tant il était occupé à la considérer. Elle alla s'asseoir auprès de ses sœurs, et leur fit mille honnêtetés ; elle leur fit part des oranges et des citrons que le prince lui avait donnés ; ce qui les étonna fort, car elles ne la connaissaient point.

Lorsqu'elle causait ainsi, Cendrillon entendit sonner onze heures trois quarts ; elle fit aussitôt une grande révérence à la compagnie, et s'en alla le plus vite qu'elle put. Dès qu'elle fut arrivée, elle alla trouver sa marraine, et après l'avoir remerciée, elle lui dit qu'elle souhaiterait bien aller encore le lendemain au bal, parce que le fils du roi l'en avait priée. Comme elle était occupée à raconter à sa maraine tout ce qui s'était passé au bal, les deux sœurs heurtèrent à la porte ; Cendrillon leur alla ouvrir. « Que vous êtes longtemps à revenir ! » leur dit-elle en bâillant, en se frottant les yeux et en s'étendant comme si elle n'eût fait que de se réveiller : elle n'avait cependant pas eu envie de dormir depuis qu'elles s'étaient quittées. « Si tu étais venue au bal, lui dit une de ses sœurs, tu ne t'y serais pas ennuyée ; il est venu la plus belle princesse, la plus belle qu'on puisse jamais voir ; elle nous a fait mille civilités ; elle nous a donné des oranges et des citrons. »

Cendrillon ne se sentait pas de joie : elle leur demanda le nom de cette princesse ; mais elles lui répondirent qu'on ne la connaissait pas, que le fils du roi en était fort en peine, et qu'il donnerait toute chose au monde pour savoir qui elle était. Cendrillon sourit, et leur dit : « Elle était

donc bien belle ? Mon Dieu ! que vous êtes heureuses ! ne pourrais-je donc pas la voir ? Hélas ! mademoiselle Javotte, prêtez-moi votre habit jaune, que vous mettez tous les jours. — Vraiment, dit mademoiselle Javotte, je suis de cet avis ! Prêtez votre habit à un vilain Cucendron comme cela ! il faudrait que je fusse bien folle. » Cendrillon s'attendait bien à ce refus, et elle en fut bien aise, car elle aurait été grandement embarrassée si sa sœur eût bien voulu lui prêter son habit.

Le lendemain, les deux sœurs furent au bal, et Cendrillon aussi, mais encore plus parée que la première fois. Le fils du roi fut toujours auprès d'elle, et ne cessa de lui conter des douceurs. La jeune demoiselle ne s'ennuyait point, et oublia ce que sa marraine lui avait recommandé, de sorte qu'elle entendit sonner le premier coup de minuit, lorsqu'elle ne croyait pas qu'il fût encore onze heures : elle se leva et s'enfuit aussi légèrement qu'aurait fait une biche. Le prince la suivit, mais il ne put l'attraper. Elle laissa tomber une de ses pantoufles de verre, que le prince ramassa bien soigneusement. Cendrillon arriva chez elle, bien essoufflée, sans carrosse, sans laquais, et avec ses méchants habits ; rien ne lui étant resté de toute sa magnificence, qu'une de ses petites pantoufles, la pareille de celle qu'elle avait laissé tomber.

On demanda aux gardes de la porte du palais s'ils n'avaient point vu sortir une princesse : ils dirent qu'ils n'avaient vu sortir personne qu'une jeune fille fort mal vêtue, et qui avait plus l'air d'une paysanne que d'une demoiselle.

Quand les deux sœurs revinrent du bal, Cendrillon leur demanda si elles s'étaient encore bien diverties, et si la belle dame y avait été ; elles lui dirent que oui, mais qu'elle s'était enfuie lorsque minuit avait sonné, et si promptement qu'elle avait laissé tomber une de ses petites pantoufles de verre, la plus jolie du monde ; que le fils du roi l'avait ramassée, et qu'il n'avait fait que la regarder tout le reste du bal, et qu'assurément il était fort amoureux de la belle personne à qui appartenait la petite pantoufle.

Elles dirent vrai ; car peu de jours après, le fils du roi fit publier à son de trompe, qu'il épouserait celle dont le pied serait bien juste à la pantoufle. On commença à l'essayer aux princesses, ensuite aux duchesses et à toute la cour, mais inutilement. On la porta chez les deux sœurs, qui firent tout leur possible pour faire entrer leur pied dans la pantoufle, mais elles ne purent en venir à bout. Cendrillon qui les regardait, et qui reconnut sa pantoufle, dit en riant : « Que je voie si elle ne me serait pas bonne ! » Ses sœurs se mirent à rire et à se moquer d'elle. Le gentilhomme qui faisait l'essai de la pantoufle, ayant regardé attentivement Cendrillon, et la trouvant fort belle, dit que cela était très juste, et qu'il avait ordre de l'essayer à toutes les filles. Il fit asseoir Cendrillon, et approchant la pantoufle de son petit pied, il vit qu'elle y entrait sans peine, et qu'elle lui était juste comme de cire. L'étonnement des deux sœurs fut grand, mais plus grand encore quand Cendrillon tira de sa poche l'autre petite pantoufle qu'elle mit à son pied. Là-dessus, arriva la marraine, qui, ayant donné un coup de sa baguette sur les habits de Cendrillon, les fit devenir encore plus magnifiques que tous les autres.

Alors ses deux sœurs la reconnurent pour la belle personne qu'elles avaient vue au bal. Elles se jetèrent à ses pieds pour lui demander pardon de tous les mauvais traitements qu'elles lui avaient fait souffrir. Cendrillon les releva, et leur dit, en les embrassant, qu'elle leur pardonnait de

bon cœur, et qu'elle les priait de l'aimer bien toujours. On la mena
chez le jeune prince, parée comme elle était. Il la trouva encore plus
belle que jamais ; et, peu de jours après, il l'épousa. Cendrillon, qui était
aussi bonne que belle, fit loger ses deux sœurs au palais, et les maria,
dès le jour même, à deux grands seigneurs de la cour.

RIQUET À LA HOUPPE
JOB

Riquet

à la

Houppe

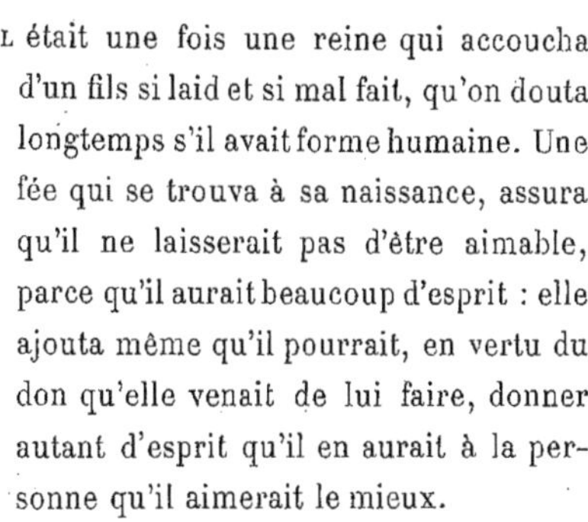

L était une fois une reine qui accoucha
d'un fils si laid et si mal fait, qu'on douta
longtemps s'il avait forme humaine. Une
fée qui se trouva à sa naissance, assura
qu'il ne laisserait pas d'être aimable,
parce qu'il aurait beaucoup d'esprit : elle
ajouta même qu'il pourrait, en vertu du
don qu'elle venait de lui faire, donner
autant d'esprit qu'il en aurait à la personne qu'il aimerait le mieux.

Tout cela consola un peu la
pauvre reine, qui était bien affligée d'avoir mis au monde un si
vilain marmot. Il est vrai que cet
enfant ne commença pas plus tôt
à parler, qu'il disait mille jolies
choses, et qu'il avait dans toutes ses actions je ne sais quoi de si spirituel
qu'on en était charmé. J'oubliais de dire qu'il vint au monde avec une
petite houppe de cheveux sur la tête, ce qui fit qu'on le nomma Riquet
à la houppe, car Riquet était le nom de la famille.

Au bout de sept ou huit ans, la reine du royaume voisin accoucha de deux filles. La première qui vint au monde était plus belle que le jour ; la reine en fut si aise, qu'on appréhenda que la trop grande joie qu'elle en avait ne lui fît mal. La même fée qui avait assisté à la naissance du petit Riquet à la houppe était présente, et pour modérer la joie de la reine, elle lui déclara que cette petite princesse n'aurait point d'esprit, et qu'elle serait aussi stupide qu'elle était belle. Cela mortifia beaucoup la reine ; mais elle eut, quelques moments après, un bien plus grand chagrin, car la seconde fille dont elle accoucha se trouva extrêmement laide. « Ne vous affligez point tant, Madame, lui dit la fée, votre fille sera récompensée d'ailleurs, et elle aura tant d'esprit qu'on ne s'apercevra presque pas qu'il lui manque de la beauté. — Dieu le veuille ! répondit la reine ; mais n'y aurait-il pas moyen de faire avoir un peu d'esprit à l'aînée, qui est si belle ? — Je ne puis rien pour elle, Madame, du côté de l'esprit, lui dit la fée ; mais je puis tout du côté de la beauté ; et comme il n'y a rien que je ne veuille faire pour votre satisfaction, je vais lui donner pour don de pouvoir rendre beau ou belle la personne qui lui plaira. »

A mesure que ces deux princesses devinrent grandes, leurs perfections crurent aussi avec elles, et on ne parlait partout que de la beauté de l'aînée et de l'esprit de la cadette. Il est vrai que les défauts augmentèrent beaucoup avec l'âge. La cadette enlaidissait à vue d'œil, et l'aînée devenait plus stupide de jour en jour : ou elle ne répondait rien à ce qu'on lui demandait, ou elle disait une sottise. Elle était avec cela si maladroite, qu'elle n'eût pu ranger quatre porcelaines sur le bord d'une cheminée sans en casser une, ni boire un verre d'eau sans en répandre la moitié sur ses habits.

Quoique la beauté soit un grand avantage dans une jeune personne, cependant la cadette l'emportait presque toujours sur son aînée dans toutes les compagnies. D'abord on allait du côté de la plus belle pour la voir et pour l'admirer ; mais bientôt après on allait à celle qui avait le plus d'esprit, pour lui entendre dire mille choses agréables ; et on était étonné qu'en moins d'un quart d'heure l'aînée n'avait plus personne

auprès d'elle, et que tout le monde s'était rangé autour de la cadette.
L'aînée, quoique fort stupide, le remarqua bien ; et elle eût donné sans
regret toute sa beauté pour avoir la moitié de l'esprit de sa sœur. La
reine, toute sage qu'elle était, ne put s'empêcher de lui reprocher plusieurs fois sa bêtise ; ce qui pensa faire mourir de douleur
cette pauvre princesse.

Un jour qu'elle s'était retirée dans un bois pour y plaindre
son malheur, elle vit venir à elle un petit homme fort
laid et fort désagréable, mais vêtu très magnifiquement. C'était le jeune prince Riquet à la houppe, qui,
étant devenu amoureux d'elle, sur ses portraits qui
couraient par tout le monde, avait quitté le royaume
de son père pour avoir le plaisir de la voir et de

lui parler. Ra-
vi de la ren-
contrer ainsi
toute seule, il
l'aborde avec
tout le res-
pect et toute la politesse
imaginables. Ayant remarqué,
après lui avoir fait les compli-
ments ordinaires, qu'elle était fort mélancolique, il lui dit : « Je ne
comprends point, Madame, comment une personne aussi belle que

vous l'êtes peut être aussi triste que vous paraissez ; car, quoique je puisse me vanter d'avoir vu une infinité de belles personnes, je puis dire que je n'en ai jamais vu dont la beauté approche de la vôtre.

— Cela vous plaît à dire, Monsieur, » lui répondit la princesse, et elle en demeura là.— « La beauté, reprit Riquet à la houppe, est un si grand avantage, qu'il doit tenir lieu de tout le reste ; et quand on le possède, je ne vois pas qu'il y ait rien qui puisse vous affliger beaucoup. — J'aimerais mieux, dit la princesse, être aussi laide que vous, et avoir de l'esprit, que d'avoir la beauté comme j'en ai, et être bête autant que je le suis. — Il n'y a rien, Madame, qui marque davantage qu'on a de l'esprit, que de croire n'en pas avoir ; et il est de la nature de ce bien-là, que plus on en a, plus on croit en manquer. — Je ne sais pas cela, dit la princesse ; mais je sais que je suis fort bête, et c'est de là que vient le chagrin qui me tue. — Si ce n'est que cela, Madame, qui vous afflige, je puis aisément mettre fin à votre douleur. — Et comment ferez-vous ? dit la princesse. — J'ai le pouvoir, Madame, dit Riquet à la houppe, de donner de l'esprit autant qu'on en saurait avoir, à la personne que je dois aimer le plus : et comme vous êtes, Madame, cette personne, il ne tiendra qu'à vous que vous n'ayez autant d'esprit qu'on peut en avoir, pourvu que vouliez bien m'épouser. »

La princesse demeura tout interdite, et ne répondit rien. « Je vois, reprit Riquet à la houppe, que cette proposition vous fait de la peine, et je ne m'en étonne pas ; mais je vous donne un an tout entier pour vous y résoudre. » La princesse avait si peu d'esprit, et en même temps, une si grande envie d'en avoir, qu'elle s'imagina que la fin de cette année ne viendrait jamais ; de sorte qu'elle accepta la proposition qui lui était faite. Elle n'eut pas plus tôt promis à Riquet à la houppe qu'elle l'épouserait dans un an à pareil jour, qu'elle se sentit tout autre qu'elle n'était auparavant : elle se trouva une facilité incroyable à dire tout ce qui lui plaisait, et à le dire d'une manière fine, aisée et naturelle. Elle commença, dès ce moment, une conversation galante et soutenue avec Riquet à la houppe, où elle brilla d'une telle force, que Riquet à la houppe crut

lui avoir donné plus
d'esprit qu'il ne s'en
était réservé pour
lui-même.

Quand elle fut
retournée au palais,
toute la cour ne savait
que penser d'un changement si subit
et si extraordinaire; car autant qu'on lui avait
ouï dire d'impertinences auparavant, autant
lui entendait-on dire des choses bien sensées et
infiniment spirituelles. Toute la cour en eut une joie
qui ne se peut imaginer; il n'y eut que sa cadette qui
n'en fut pas bien aise, parce que,
n'ayant plus sur son aînée
l'avantage de l'esprit,
elle ne paraissait
plus auprès
d'elle qu'une
guenon fort
désagréable.

Le roi se
conduisait par
ses avis, et al-
lait même quel-
quefois tenir le conseil
dans son appartement. Le
bruit de ce changement
s'étant répandu, tous les jeunes
princes des royaumes voisins firent
leurs efforts pour s'en faire aimer, et
presque tous la demandèrent en mariage; mais elle

n'en trouvait point qui eût assez d'esprit, et elle les écoutait tous sans
s'engager à pas un d'eux. Cependant il en vint un si puissant, si riche, si
spirituel et si bien fait, qu'elle ne put s'empêcher d'avoir de la bonne
volonté pour lui. Son père, s'en étant aperçu, lui dit qu'il la faisait la maîtresse sur le choix d'un époux, et qu'elle n'avait qu'à se déclarer. Comme
plus on a d'esprit et plus on a de peine à prendre une ferme résolution
sur cette affaire, elle demanda, après avoir remercié son père, qu'il lui
donnât du temps pour y penser.

Elle alla par hasard se promener dans le même bois où elle avait
trouvé Riquet à la houppe, pour rêver plus commodément à ce qu'elle
avait à faire. Dans le temps qu'elle se promenait, rêvant profondément,
elle entendit un bruit sourd sous ses pieds, comme de plusieurs personnes qui vont et viennent et qui agissent. Ayant prêté l'oreille plus
attentivement, elle ouït que l'un disait : « Apporte-moi cette marmite » ;
l'autre : « Donne-moi cette chaudière » ; l'autre : « Mets du bois dans ce
feu. » La terre s'ouvrit dans le même temps, et elle vit sous ses pieds
comme une grande cuisine pleine de cuisiniers, de marmitons, et de
toutes sortes d'officiers nécessaires pour faire un festin magnifique. Il en
sortit une bande de vingt ou trente rôtisseurs, qui allèrent se camper
dans une allée du bois, autour d'une table fort longue, et qui tous, la
lardoire à la main et la queue de renard sur l'oreille, se mirent à travailler en cadence, au son d'une chanson harmonieuse.

La princesse, étonnée de ce spectacle, leur demanda pour qui ils tra-
vaillaient. « C'est, Madame, lui répondit le plus apparent de la bande,
pour le prince Riquet à la houppe, dont les noces se feront demain. » La
princesse, encore plus surprise qu'elle ne l'avait été, et se ressouvenant
tout à coup qu'il y avait un an à pareil jour elle avait promis d'épouser
le prince Riquet à la houppe, pensa tomber de son haut. Ce qui faisait
qu'elle ne s'en souvenait pas, c'est que, quand elle fit cette promesse,
elle était une bête, et qu'en prenant le nouvel esprit que le prince lui
avait donné, elle avait oublié toutes ses sottises.

Elle n'eût pas fait trente pas en continuant sa promenade, que Riquet

à la houppe se présenta à elle,
brave, magnifique, et comme
un prince qui va se marier.
« Vous me voyez, dit-il, Madame, exact à tenir ma parole,
et je ne doute point que vous
ne veniez ici pour exécuter la
vôtre et me rendre en me donnant
la main le plus heureux de tous les
hommes. — Je vous avouerai fran-
chement, répondit la princesse, que
je n'ai pas encore pris ma résolution
là-dessus, et que je ne crois pas pouvoir jamais la prendre telle
que vous la souhai-
tez. — Vous
m'étonnez,
Madame, lui
dit Riquet à
la houppe.
—Je le crois,
dit la prin-
cesse, et as-
surément
si j'avais
affaire à
un bru-
tal, à un
homme
sans esprit,
je me trou-
verais bien em-

barrassée. « Une princesse n'a que sa parole, me dirait-il, et il faut que
« vous m'épousiez, puisque vous me l'avez promis ; » mais comme celui
à qui je parle est l'homme du monde qui a le plus d'esprit, je suis sûre
qu'il entendra raison. Vous savez que, quand je n'étais qu'une bête,
je ne pouvais néanmoins me résoudre à vous épouser ; comment voulez-
vous qu'ayant l'esprit que vous m'avez donné, qui me rend encore plus
difficile en gens que je n'étais, je prenne aujourd'hui une résolution que
je n'ai pu prendre dans ce temps-là ? Si vous pensiez tout de bon à m'é-
pouser, vous avez eu un grand tort de m'ôter ma bêtise et de me faire voir
plus clair que je ne voyais.

— Si un homme sans esprit, répondit Riquet à la houppe, devait être
bien reçu, comme vous venez de le dire, à vous reprocher votre manque
de parole, pourquoi voulez-vous, Madame, que je n'en use pas de même
dans une chose où il y va de tout le bonheur de ma vie ? Est-il raisonna-
ble que les personnes qui ont de l'esprit soient d'une pire condition que
ceux qui n'en ont pas ? Le pouvez-vous prétendre, vous qui en avez tant,
et qui avez tant souhaité d'en avoir ? Mais venons au fait, s'il vous
plaît. A la réserve de ma laideur, y a-t-il quelque chose en moi qui vous
déplaise ? Êtes-vous mal contente de ma naissance, de mon esprit, de mon
humeur et de mes manières ? — Nullement, répondit la princesse ; j'aime
en vous tout ce que vous venez de me dire. — Si cela est ainsi, reprit
Riquet à la houppe, je vais être heureux, puisque vous pouvez me rendre
le plus aimable des hommes. — Comment cela se peut-il faire ? lui dit
la princesse. — Cela se fera, répondit Riquet à la houppe, si vous m'ai-
mez assez pour souhaiter que cela soit ; et afin, Madame, que vous n'en
doutiez pas, sachez que la même fée qui, au jour de ma naissance, me fit
le don de pouvoir rendre spirituelle la personne qu'il me plairait, vous a
aussi fait le don de pouvoir rendre beau celui que vous aimerez, et à qui
vous voudrez bien faire cette faveur. — Si la chose est ainsi, dit la princesse, je souhaite de tout mon cœur que vous deveniez le prince du monde
le plus beau et le plus aimable, et je vous en fais le don autant qu'il est
en moi. »

La princesse n'eut pas plus tôt prononcé ces paroles, que Riquet à la houppe parut à ses yeux l'homme du monde le plus beau, le mieux fait et le plus aimable qu'elle eût jamais vu. Quelques-uns assurent que ce ne furent point les charmes de la fée qui opérèrent, mais que l'amour seul fit cette métamorphose. Ils disent que la princesse ayant fait réflexion sur la persévérance de son amant, sur sa discrétion et sur toutes les bonnes qualités de son âme et de son esprit, ne vit plus la difformité de son corps ni la laideur de son visage ; que sa bosse ne lui sembla plus que le bon air d'un homme qui fait le gros dos, et qu'au lieu que jusqu'alors elle l'avait vu boiter effroyablement, elle ne lui trouva plus qu'un certain air penché qui la charmait. Ils disent encore que ses yeux, qui étaient louches, ne lui en parurent que plus brillants ; que leur déréglement passa dans son esprit pour la marque d'un violent excès d'amour ; et qu'enfin son gros nez rouge eut pour elle quelque chose de martial et d'héroïque.

Quoi qu'il en soit, la princesse lui promit sur-le-champ de l'épouser, pourvu qu'il en obtint le consentement du roi son père. Le roi ayant su que sa fille avait beaucoup d'estime pour Riquet à la houppe, qu'il connaissait d'ailleurs pour un prince très spirituel et très sage, le reçut avec plaisir pour son gendre. Dès le lendemain, les noces furent faites ainsi que Riquet à la houppe l'avait prévu, et selon les ordres qu'il en avait donnés longtemps auparavant.

Le Petit Poucet

Le Petit
Poucet

Iʟ était une fois un bûcheron et une bûcheronne qui avaient sept enfants tous garçons; l'aîné n'avait que dix ans, et le plus jeune n'en avait que sept. On s'étonnera que le bûcheron ait eu tant d'enfants en si peu de temps, mais c'est que sa femme allait vite en besogne, et n'en faisait pas moins de deux à la fois.

Ils étaient fort pauvres, et leurs sept enfants les incommodaient beaucoup, parce qu'aucun d'eux ne pouvait encore gagner sa vie.

Ce qui les chagrinait encore, c'est que le plus jeune était fort délicat et ne disait mot ; prenant pour bêtise ce qui était une marque de la bonté de son esprit. Il était fort petit, et quand il vint au monde, il n'était guère plus gros que le pouce, ce qui fit qu'on l'appela le petit Poucet.

Ce pauvre enfant était le souffre-douleurs de la maison, et on lui donnait toujours le tort. Cependant il était le plus fin et le plus avisé de tous ses frères, et s'il parlait peu, il écoutait beaucoup.

Il vint une année très fâcheuse, et la famine fut si grande, que ces pauvres gens résolurent de se défaire de leurs enfants.

Un soir que ces enfants étaient couchés, et que le bûcheron était auprès du feu avec sa femme, il lui dit, le cœur serré de douleur : « Tu vois bien que nous ne pouvons plus nourrir nos enfants ; je ne saurais les voir mourir de faim devant mes yeux, et je suis résolu de les mener perdre demain au bois, ce qui sera bien aisé ; car tandis qu'ils s'amuseront à fagoter, nous n'avons qu'à nous enfuir sans qu'ils nous voient. — Ah ! s'écria la bûcheronne, pourrais-tu toi-même mener perdre tes enfants ? » Son mari avait beau lui représenter leur grande pauvreté ; elle ne pouvait y consentir ; elle était pauvre, mais elle était leur mère.

Cependant, ayant considéré quelle douleur ce lui serait de les voir mourir de faim, elle y consentit, et alla se coucher en pleurant.

Le petit Poucet ouït tout ce qu'ils dirent, car ayant entendu de dedans son lit qu'ils parlaient d'affaires, il s'était levé doucement et s'était glissé sous l'escabelle de son père, pour les écouter sans être vu. Il alla se recoucher et ne dormit point du reste de la nuit, songeant à ce qu'il avait à faire. Il se leva de bon matin, et alla au bord d'un ruisseau, où il remplit ses poches de petits cailloux blancs, et ensuite revint à la maison. On partit, et le petit Poucet ne découvrit rien de tout ce qu'il savait à ses frères.

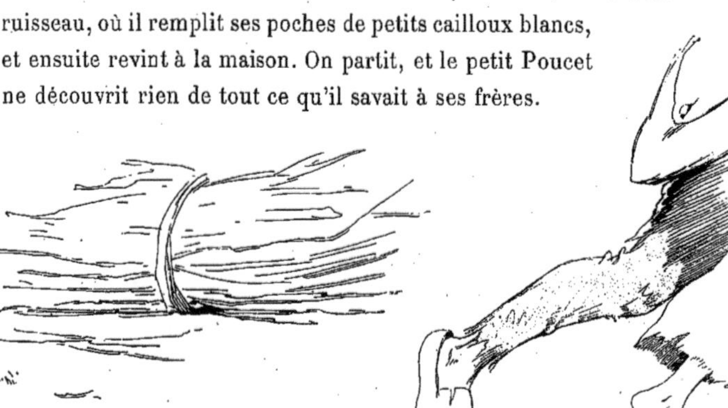

Ils allèrent dans une forêt fort épaisse, où à dix pas de distance on ne se voyait pas l'un l'autre. Le bûcheron se mit à couper du bois, et ses enfants à ramasser des broutilles pour faire des fagots. Le père et la mère, les voyant occupés à travailler, s'éloignèrent d'eux insensiblement, et puis s'enfuirent tout à coup par un petit sentier détourné.

Lorsque ces enfants se virent seuls, ils se mirent à crier et à pleurer de toute leur force. Le petit Poucet les laissait crier, sachant bien par où il reviendrait à la maison, car en marchant il avait laissé tomber le long du chemin les petits cailloux blancs qu'il avait dans ses poches. Il leur dit donc : « Ne craignez point, mes frères ; mon père et ma mère nous ont laissés ici, mais je vous ramènerai bien au logis : suivez-moi seulement. »

Ils le suivirent, et il les mena jusqu'à leur maison par le même chemin qu'ils étaient venus dans la forêt. Ils n'osèrent d'abord entrer, mais ils se mirent tous contre la porte, pour écouter ce que disaient leur père et leur mère.

Dans le moment que le bûcheron et la bûcheronne arrivèrent chez eux, le seigneur du village leur envoya dix écus, qu'il leur devait il y avait longtemps, et dont ils n'espéraient plus rien. Cela leur redonna la vie, car les pauvres gens mouraient de faim. Le bûcheron envoya sur l'heure sa femme à la boucherie. Comme il y avait longtemps qu'ils n'avaient pas mangé, elle acheta trois fois plus de viande qu'il n'en fallait pour le souper de deux personnes. Lorsqu'ils furent rassasiés, la bûcheronne dit : « Hélas ! où sont maintenant nos pauvres enfants ? Ils feraient bonne chère de ce qui nous reste là. Mais aussi, Guillaume, c'est toi qui les as voulu perdre ; j'avais bien dit que nous nous en repentirions. Que font-ils maintenant dans cette forêt ? Hélas ! mon Dieu, les loups les ont peut-être déjà mangés ! Tu es bien inhumain d'avoir perdu ainsi tes enfants ! »

Le bûcheron s'impatienta à la fin ; car elle redit plus de vingt fois qu'il s'en repentirait, et qu'elle l'avait bien dit. Il la menaça de la battre si elle ne se taisait. Ce n'est pas que le bûcheron ne fût peut-être encore plus fâché que sa femme, mais c'est qu'elle lui rompait la tête, et qu'il était de l'humeur de beaucoup d'autres gens qui aiment fort les femmes qui disent bien, mais qui trouvent très importunes celles qui ont toujours bien dit.

La bûcheronne était tout en pleurs : « Hélas ! où sont maintenant mes enfants, mes pauvres enfants ? » Elle le dit une fois si haut, que les enfants, qui étaient à la porte, l'ayant entendue, se mirent à crier tous ensemble : « Nous voilà, nous voilà ! » Elle courut vite leur ouvrir la porte, et leur dit en les embrassant : « Que je suis aise de vous revoir, mes chers enfants ! Vous êtes bien las, et vous avez bien faim ; et toi, Pierrot, comme te voilà crotté ! viens que je te débarbouille. » Ce Pierrot était son fils aîné, qu'elle aimait plus que tous les autres, parce qu'il était un peu rousseau, et qu'elle était un peu rousse.

Ils se mirent à table, et mangèrent d'un appétit qui faisait plaisir au père et à la mère, à qui ils racontaient la peur qu'ils avaient eue dans la forêt, en parlant presque toujours tous ensemble. Ces bonnes gens étaient ravis de revoir leurs enfants avec eux, et cette joie dura tant que les dix écus durèrent. Mais lorsque l'argent fut dépensé, ils retombèrent dans leur premier chagrin, et résolurent de les perdre encore ; et, pour ne pas manquer le coup, de les mener bien plus loin que la première fois.

Ils ne purent parler de cela si secrètement qu'ils ne fussent entendus par le Petit Poucet, qui fit son compte de sortir d'affaire comme il avait déjà fait ; mais, quoiqu'il se fût levé de grand matin pour aller ramasser des petits cailloux, il ne put en venir à bout, car il trouva la porte de la maison fermée à double tour. Il ne savait que faire, lorsque, la bûcheronne leur ayant donné à chacun un morceau de pain pour leur déjeuner, il songea qu'il pourrait se servir de son pain au lieu de cailloux, en le jetant par miettes le long des chemins où ils passeraient ; il le serra donc dans sa poche.

Le père et la mère les menèrent dans l'endroit de la forêt le plus épais et le plus obscur ; et dès qu'ils y furent, ils gagnèrent un faux-fuyant, et les laissèrent là. Le petit Poucet ne s'en chagrina pas beaucoup, parce qu'il croyait retrouver aisément son chemin, par le moyen de son pain qu'il avait semé partout où il avait passé ; mais il fut bien surpris lorsqu'il ne put en retrouver une seule miette ; les oiseaux étaient venus, qui avaient tout mangé.

Les voilà donc bien affligés ; car plus ils marchaient, plus ils s'égaraient et s'enfonçaient dans la forêt. La nuit vint, et il s'éleva un grand vent qui leur faisait des peurs épouvantables. Ils croyaient n'entendre de tous côtés que des hurlements de loups qui venaient à eux pour les manger. Ils n'osaient presque se parler, ni tourner la tête. Il survint une grosse pluie qui les perça jusqu'aux os ; ils glissaient à chaque pas et tombaient dans la boue, d'où ils se relevaient tout crottés, ne sachant que faire de leurs mains. Le petit Poucet grimpa au haut d'un arbre, pour voir s'il ne découvrirait rien : tournant la tête de tous côtés, il vit une petite lueur comme d'une chandelle, mais qui était bien loin par delà la forêt. Il descendit de l'arbre, et lorsqu'il fut à terre il ne vit plus rien : cela le désola. Cependant, ayant marché quelque temps avec ses frères, du côté qu'il avait vu la lumière, il la revit en sortant du bois.

Ils arrivèrent enfin à la maison où était cette chandelle, non sans bien des frayeurs : car souvent ils la perdaient de vue, ce qui leur arrivait toutes les fois qu'ils descendaient dans quelque fond. Ils heurtèrent à la porte, et une bonne femme vint leur ouvrir. Elle leur demanda ce qu'ils voulaient. Le petit Poucet lui dit qu'ils étaient de pauvres enfants qui s'étaient perdus dans la forêt, et qui demandaient à coucher par charité. Cette femme, les voyant tous si jolis, se mit à pleurer et leur dit : « Hélas ! mes pauvres enfants, où êtes-vous venus ? Savez-vous bien que c'est ici la maison d'un ogre qui mange les petits enfants ! — Hélas ! madame, lui répondit le petit Poucet, qui tremblait de toute sa

force aussi bien que ses frères, que ferons-nous ? Il est bien sûr que les
loups de la forêt ne manqueront pas de nous manger cette nuit, si vous
ne voulez pas nous retirer chez vous ; et cela étant, nous aimons mieux
que ce soit Monsieur qui nous mange ; peut-être qu'il aura pitié de nous,
si vous voulez bien l'en prier. »

La femme de l'ogre, qui crut qu'elle pourrait les cacher à son mari
jusqu'au lendemain matin, les laissa entrer, et les mena se chauffer au-

près d'un bon feu, car il y avait un mouton tout
entier à la broche pour le souper de l'ogre.

Comme ils commençaient à se chauffer, ils
entendirent heurter trois ou quatre grands coups
à la porte; c'était l'ogre qui revenait. Aussitôt sa
femme les fit cacher sous le lit, et alla ouvrir la
porte. L'ogre demanda d'abord si le souper était
prêt et si on avait tiré du vin, et aussitôt il se
mit à table. Le mouton était encore tout san-
glant, mais il ne lui en sembla que meilleur. Il
flairait à droite et à gauche, disant qu'il sentait
la chair fraîche. « Il faut, lui dit sa femme, que
ce soit ce veau, que je viens d'habiller, que vous
sentez. — Je sens la chair fraîche, te dis-je
encore une fois, reprit l'ogre en regardant sa
femme de travers; il y a ici quelque chose que
je n'entends pas. » En disant ces mots, il se leva
de table et alla droit au lit.

« Ah ! dit-il, voilà donc comme tu veux me tromper, maudite femme !
Je ne sais à quoi il tient que je ne te mange aussi : bien t'en prend d'être
une vieille bête. Voilà du gibier qui me vient à propos, pour traiter trois
ogres de mes amis qui doivent me venir voir ces jours-ci. »

Ils les tira de dessous le lit l'un après l'autre. Ces pauvres enfants se
mirent à genoux, en lui demandant pardon ; mais ils avaient affaire au
plus cruel de tous les ogres, qui, bien loin d'avoir de la pitié, les dévo-

rait déjà des yeux, et disait à sa femme que ce seraient là de friands morceaux, lorsqu'elle leur aurait fait une bonne sauce.

Il alla prendre un grand couteau ; et, en approchant de ces pauvres enfants, il l'aiguisait sur une longue pierre qu'il tenait à sa main gauche. Il en avait déjà empoigné un, lorsque sa femme lui dit : « Que voulez-vous faire à l'heure qu'il est ! N'aurez-vous pas assez de temps demain ? — Tais-toi, reprit l'ogre, ils en seront plus mortifiés. — Mais vous avez encore là tant de viande, reprit sa

femme : voilà un veau, deux moutons et la moitié d'un cochon. — Tu as raison, dit l'ogre ; donne-leur bien à souper, afin qu'ils ne maigrissent pas, et va les mener coucher. »

La bonne femme fut ravie de joie, et leur porta bien à souper ; mais ils ne purent manger, tant ils étaient saisis de peur. Pour l'ogre, il se remit à boire, ravi d'avoir de quoi si bien régaler ses amis. Il but une dizaine de coups de plus qu'à l'ordinaire ; ce qui lui donna un peu dans la tête, et l'obligea de s'aller coucher.

L'ogre avait sept filles, qui n'étaient encore que des enfants. Ces petites ogresses avaient toutes le teint fort beau, parce qu'elles mangeaient de la chair fraîche, comme leur père ; mais elles avaient de petits yeux gris et tout ronds, le nez crochu, et une fort grande bouche, avec de longues dents fort aiguës et fort éloignées l'une de l'autre. Elles n'étaient pas encore fort méchantes ; mais elles promettaient beaucoup, car elles mordaient déjà les petits enfants pour en sucer le sang.

On les avait fait coucher de bonne heure, et elles étaient toutes sept dans un grand lit, ayant chacune une couronne d'or sur la tête. Il y avait dans la même chambre un autre lit de la même grandeur : ce fut dans ce lit que la femme de l'ogre mit coucher les sept petits garçons ; après quoi elle s'alla coucher auprès de son mari.

Le petit Poucet, qui avait remarqué que les filles de l'ogre avaient des couronnes d'or sur la tête, et qui craignait qu'il ne prît à l'ogre quelque remords de ne les avoir pas égorgés dès le soir même, se leva vers le milieu de la nuit, et prenant les bonnets de ses frères et le sien, il alla tout doucement les mettre sur la tête des sept filles de l'ogre, après leur avoir ôté leurs couronnes d'or, qu'il mit sur la tête de ses frères et sur la sienne, afin que l'ogre les prît pour ses filles, et ses filles pour les garçons qu'il voulait égorger. La chose réussit comme il l'avait pensé ; car l'ogre, s'étant éveillé sur le minuit, eu regret d'avoir différé au lendemain ce qu'il pouvait exécuter la veille. Il se jeta donc brusquement hors du lit, et prenant son grand couteau : « Allons voir, dit-il, comment se portent nos petits drôles ; n'en faisons pas à deux fois. »

Il monta donc à tâtons à la chambre de ses filles, et s'approcha du lit où étaient les petits garçons, qui dormaient tous, excepté le petit Poucet, qui eut bien peur lorsqu'il sentit la main de l'ogre qui lui tâtait la tête, comme il avait tâté celle de tous ses frères. L'ogre, qui sentit les couronnes d'or : « Vraiment, dit-il, j'allais faire là un bel ouvrage ; je vois bien que je bus trop hier au soir. » Il alla ensuite au lit de ses filles, où ayant senti les petits bonnets des garçons : « Ah ! les voilà, dit-il, nos gaillards ; travaillons hardiment. » En disant ces mots il coupa, sans balancer, la gorge à ses sept filles. Fort content de cette expédition, il alla se recoucher auprès de sa femme.

Aussitôt que le petit Poucet entendit ronfler l'ogre il réveilla ses frères, et leur dit de s'habiller promptement et de le suivre. Ils descen-

dirent doucement dans le jardin, et sautèrent par-dessus les murailles. Ils coururent presque toute la nuit, toujours en tremblant, et sans savoir où ils allaient.

L'ogre s'étant éveillé dit à sa femme : « Va-t'en là-haut, habiller ces petits drôles d'hier au soir. » L'ogresse fut fort étonnée de la bonté de son mari, ne se doutant point de la manière qu'il entendait qu'elle les habillât, et croyant qu'il lui ordonnait de les aller vêtir. Elle monta en haut, où elle fut bien surprise, lorsqu'elle aperçut ses sept filles égorgées et nageant dans leur sang.

Elle commença par s'évanouir (car c'est le premier expédient que trouvent presque toutes les femmes en pareilles rencontres). L'ogre, craignant que sa femme ne fût trop longtemps à faire la besogne dont il l'avait chargée, monta en haut pour lui aider. Il ne fut pas moins étonné que sa femme lorsqu'il vit cet affreux spectacle. « Ah ! qu'ai-je fait là ? s'écria-t-il. Ils me le payeront, les malheureux, et tout à l'heure ! »

Il jeta aussitôt une potée d'eau dans le nez de sa femme ; et l'ayant fait revenir : « Donne-moi vite mes bottes de sept lieues, lui dit-il, afin que j'aille les attraper. » Il se mit en campagne ; et, après avoir couru bien loin de tous côtés, enfin il entra dans le chemin où marchaient ces pauvres enfants, qui n'étaient plus qu'à cent pas du logis de leur père. Ils virent l'ogre qui allait de montagne en montagne, et qui traversait des rivières aussi aisément qu'il aurait fait le moindre ruisseau. Le petit Poucet, qui vit un rocher creux proche le lieu où ils étaient, y fit cacher ses frères, et s'y fourra aussi, regardant toujours ce que l'ogre deviendrait. L'ogre, qui se trouvait fort las du long chemin qu'il avait fait inutilement (car les bottes de sept lieues fatiguent fort leur homme), voulut se reposer ; et, par hasard, il alla s'asseoir sur la roche où les petits garçons s'étaient cachés.

Comme il n'en pouvait plus de fatigue, il s'endormit, après s'être reposé quelque temps, et vint à ronfler si effroyablement, que les pauvres enfants n'eurent pas moins peur que quand il tenait son grand couteau pour leur couper la gorge. Le petit Poucet en eut moins de peur, et dit à ses frères de s'enfuir promptement à la maison pendant que l'ogre dormait bien fort, et qu'ils ne se missent point en peine de lui. Ils crurent son conseil, et gagnèrent vite la maison.

Le petit Poucet, s'étant approché de l'ogre, lui tira doucement ses bottes, et les mit aussitôt. Les bottes étaient fort grandes et fort larges ; mais, comme elles étaient fées, elles avaient le don de s'agrandir et de s'apetisser selon la jambe de celui qui les chaussait ; de sorte qu'elles se trouvèrent aussi justes à ses pieds et à ses jambes que si elles eussent été faites pour lui.

Il alla droit à la maison de l'ogre, où il trouva sa femme qui pleurait, auprès de ses filles égorgées. « Votre mari, lui dit le petit Poucet, est en grand danger, car il a été pris par une troupe de voleurs qui ont juré de le tuer s'il ne leur donne tout son or et tout son argent. Dans le moment qu'ils lui tenaient le poignard sur la gorge, il m'a aperçu et m'a prié de vous venir avertir de l'état où il est, et de vous dire de me donner tout ce qu'il a vaillant, sans en rien retenir, parce qu'autrement ils le tueront sans miséricorde. Comme la chose presse beaucoup, il a voulu que je prisse ses bottes de sept lieues que voilà, pour faire diligence, et aussi afin que vous ne croyiez pas que je sois un affronteur. »

La bonne femme, fort effrayée, lui donna aussitôt tout ce qu'elle avait ; car cet ogre ne laissait pas d'être fort bon mari, quoiqu'il mangeât les petits enfants. Le petit Poucet, étant chargé de toutes les richesses de l'ogre, s'en revint au logis de son père, où il fut reçu avec bien de la joie.

Il y a bien des gens qui ne demeurent pas d'accord de cette dernière circonstance, et qui prétendent que le petit Poucet n'a jamais fait ce vol à l'ogre ; qu'à la vérité il n'avait pas fait conscience de lui prendre ses bottes de sept lieues, dont il ne se servait que pour courir après les petits enfants. Ces gens-là assurent le savoir de bonne part, et même pour avoir bu et mangé dans la maison du bûcheron. Ils assurent que, lorsque le petit Poucet eut chaussé les bottes de l'ogre, il s'en alla à la cour, où il savait qu'on était fort en peine d'une armée qui était à deux cents lieues de là, et du succès d'une bataille qu'on avait donnée. Il alla, disent-ils, trouver le roi, et lui dit que, s'il le souhaitait, il lui rapporterait des nouvelles de l'armée avant la fin du jour. Le roi lui promit une grosse somme d'argent s'il en venait à bout. Le petit Poucet rapporta des nouvelles dès le soir même ; et cette première course l'ayant fait connaître, il gagnait tout ce qu'il voulait : car le roi le payait parfaitement pour porter ses ordres à l'armée, et une infinité de dames lui donnaient tout ce qu'il voulait pour avoir des nouvelles de leurs amants, et ce fut là son plus grand gain.

Il se trouvait quelques femmes qui le chargeaient de lettres pour leurs maris ; mais elles le payaient si mal, et cela allait à si peu de chose, qu'il ne daignait mettre en ligne de compte ce qu'il gagnait de ce côté-là.

Après avoir fait pendant quelque temps le métier de courrier, et y avoir amassé beaucoup de bien, il revint chez son père, où il n'est pas possible d'imaginer la joie qu'on eut de le revoir. Il mit toute sa famille à son aise. Il acheta des offices de nouvelle création pour son père et pour ses frères ; et par là il les établit tous, et fit parfaitement bien sa cour en même temps.

Peau d'Ane
G. FRAIPONT

Peau-d'Ane

IL était une fois un roi si grand, si aimé de ses peuples, si respecté de tous ses voisins et de ses alliés, qu'on pouvait dire qu'il était le plus heureux de tous les monarques. Son bonheur était encore confirmé par le choix qu'il avait fait d'une princesse aussi belle que vertueuse ; et ces heureux époux vivaient dans une union parfaite. De leur chaste hymen était née une fille, douée de tant de grâces et de charmes qu'ils ne regrettaient point de n'avoir pas une plus ample lignée.

La magnificence, le goût et l'abondance régnaient dans son palais ; les ministres étaient sages et habiles ; les courtisans vertueux et attachés ; les domestiques fidèles et laborieux ; les écuries vastes et remplies des plus beaux chevaux du monde, couverts de riches caparaçons : mais ce qui étonnait les étrangers qui venaient admirer ces belles écuries, c'est qu'au lieu le plus apparent, un maître âne étalait de longues et grandes oreilles. Ce n'était pas par fantaisie, mais avec raison, que le roi lui avait donné une place particulière et distinguée. Les vertus de ce rare animal méritaient cette distinction, puisque la nature l'avait formé si extraordinaire, que sa litière, au lieu d'être malpropre, était couverte, tous les matins, avec profusion, de beaux écus au soleil et de louis d'or de toute espèce, qu'on allait recueillir à son réveil.

Or, comme les vicissitudes de la vie s'étendent aussi bien sur les rois que sur les sujets, et que toujours les biens sont mêlés de quelques maux, le ciel permit que la reine fût tout à coup attaquée d'une âpre maladie, pour laquelle, malgré la science et l'habileté des médecins, on ne put trouver aucun secours. La désolation fut générale. Le roi, sensible et amoureux, malgré le proverbe fameux qui dit que l'hymen est le tombeau de l'amour, s'affligeait sans modération, faisait des vœux ardents à tous les temples de son royaume, offrait sa vie pour celle d'une épouse si chère ; mais les dieux et les fées étaient invoqués en vain. La reine, sentant sa dernière heure approcher, dit à son époux qui fondait en larmes : « Trouvez bon, avant que je meure, que j'exige une chose de vous : c'est que, s'il vous prenait envie de vous remarier... » A ces mots, le roi fit des cris pitoyables, prit les mains de sa femme, les baigna de pleurs, et l'assurant qu'il était superflu de lui parler d'un second hyménée : « Non, non, dit-il enfin, ma chère reine, parlez-moi plutôt de vous suivre. — L'État, reprit la reine avec une fermeté qui augmentait les regrets de ce prince, l'État doit exiger des successeurs, et, comme je ne vous ai donné qu'une fille, vous presser d'avoir des fils qui vous ressemblent : mais je vous demande instamment, par tout l'amour que vous avez eu pour moi, de ne céder à l'empressement de vos peuples que lorsque vous aurez trouvé une princesse plus belle et mieux faite que moi ; j'en veux votre serment, et alors je mourrai contente. »

On présume que la reine, qui ne manquait pas d'amour-propre, avait exigé ce serment, ne croyant pas qu'il fût au monde personne qui pût l'égaler, pensant bien que c'était s'assurer que le roi ne se remarierait jamais. Enfin elle mourut. Jamais mari ne fit tant de vacarme ; pleurer, sangloter jour et nuit, menus droits du veuvage, furent son unique occupation.

Les grandes douleurs ne durent pas. D'ailleurs les grands de l'État s'assemblèrent, et vinrent en corps prier le roi de se remarier. Cette première proposition lui parut dure, et lui fit répandre de nouvelles larmes. Il allégua le serment qu'il avait fait à la reine, défiant tous ses conseillers de pouvoir trouver une princesse plus belle et mieux faite que feu sa femme, pensant que cela était impossible. Mais le conseil traita de babiole une telle promesse, et dit qu'il importait peu de la beauté, pourvu qu'une reine fût vertueuse et point stérile ; que l'État demandait des princes pour son repos et sa tranquillité ; qu'à la vérité l'infante avait toutes les qualités requises pour faire une grande reine, mais qu'il fallait lui choisir un étranger pour époux ; et qu'alors, ou cet étranger l'emmènerait chez lui, ou que, s'il régnait avec elle, ses enfants ne seraient plus réputés du même sang, et que, n'y ayant point de prince de son nom, les peuples voisins pourraient leur susciter des guerres qui entraîneraient la ruine du royaume. Le roi, frappé de ces considérations, promit qu'il songerait à les contenter.

Effectivement il chercha, parmi les princesses à marier, qui serait celle qui pourrait lui convenir. Chaque jour on lui apportait des portraits charmants ; mais aucune n'avait les grâces de la feue reine : ainsi il ne se déterminait point. Malheureusement, il s'avisa de trouver que l'infante, sa fille, était non seulement belle et bien faite à ravir, mais qu'elle surpassait encore de beaucoup la reine sa mère en esprit et en agréments. Sa jeunesse, l'agréable fraîcheur de son beau teint, enflamma le roi d'un feu si violent, qu'il ne put le cacher à l'infante, et lui dit qu'il avait résolu de l'épouser, puisqu'elle seule pouvait le dégager de son serment.

La jeune princesse, remplie de vertu et de pudeur, pensa s'évanouir à cette horrible proposition. Elle se jeta aux pieds du roi son père, et le conjura, avec toute la force qu'elle put trouver dans son esprit, de ne la pas contraindre à commettre un tel crime.

Le roi, qui s'était mis en tête ce bizarre projet, avait consulté un vieux druide pour mettre la conscience de la princesse en repos. Ce druide, moins religieux qu'ambitieux, sacrifia à l'honneur d'être confident d'un grand roi, l'intérêt de l'innocence et de la vertu, et s'insinua avec tant d'adresse dans l'esprit du roi, lui adoucit tellement le crime qu'il allait commettre, qu'il lui persuada même que c'était une œuvre pie que d'épouser sa fille. Ce prince, flatté par les discours de ce scélérat, l'embrassa, et revint d'avec lui plus entêté que jamais dans son projet : il fit donc ordonner à l'infante de se préparer à lui obéir.

La jeune princesse, outrée d'une vive douleur, n'imagina rien autre chose que d'aller trouver la fée des Lilas, sa marraine. Pour cet effet, elle partit la même nuit dans un joli cabriolet attelé d'un gros mouton qui savait tous les chemins. Elle y arriva heureusement. La fée, qui aimait l'infante, lui dit qu'elle savait tout ce qu'elle venait de lui apprendre, mais qu'elle n'eût aucun souci, rien ne pouvant lui nuire si elle exécutait fidèlement ce qu'elle allait lui prescrire ; « car ma chère enfant, lui dit-elle, ce serait une grande faute que d'épouser votre père ; mais, sans le contredire, vous pouvez l'éviter : dites-lui que, pour remplir une fantaisie que vous avez, il faut qu'il vous donne une robe de la couleur du temps ; jamais, avec tout son amour et son pouvoir, il ne pourra y parvenir. »

La princesse remercia bien sa marraine ; et dès le lendemain matin elle dit au roi son père ce que la fée lui avait conseillé, et protesta qu'on ne tirerait d'elle aucun aveu qu'elle n'eût une robe couleur du temps.

Le roi, ravi de l'espérance qu'elle lui donnait, assembla les plus fameux
ouvriers, et leur commanda
cette robe, sous la con-
dition que, s'ils ne
pouvaient réussir,
il les ferait
tous pen-

dre. Il n'eut pas le
chagrin d'en venir à
cette extrémité : dès
le second jour, ils apportèrent la robe si désirée. L'empirée n'est pas
d'un plus beau bleu, lorsqu'il est ceint de nuages d'or, que cette belle
robe lorsqu'elle fut étalée. L'infante en fut toute contristée, et ne savait
comment se tirer d'embarras. Le roi pressait la conclusion. Il fallut re-

courir encore à la marraine, qui, étonnée de ce que son secret n'avait pas réussi, lui dit d'essayer d'en demander une de la couleur de la lune. Le roi, qui ne pouvait rien lui refuser, envoya chercher les plus habiles ouvriers, et leur commanda si expressément une robe couleur de la lune, qu'entre ordonner et l'apporter il n'y eut pas vingt-quatre heures...

L'infante, plus charmée de cette superbe robe que des soins du roi son père, s'affligea immodérément lorsqu'elle fut avec ses femmes et sa nourrice. La fée des Lilas, qui savait tout, vint au secours de l'affligée princesse, et lui dit : « Ou je me trompe fort, ou je crois que si vous demandez une robe couleur du soleil, ou nous viendrons à bout de dégoûter le roi votre père, car jamais on ne pourra parvenir à faire une pareille robe, ou nous gagnerons au moins du temps. »

L'infante en convint, demanda la robe ; et l'amoureux roi donna, sans regret tous les diamants et les rubis de sa couronne pour aider à ce superbe ouvrage, avec ordre de ne rien épargner pour rendre cette robe égale au soleil. Aussi, dès qu'elle parut, tous ceux qui la virent déployée furent obligés de fermer les yeux, tant ils furent éblouis. C'est de ce temps que datent les lunettes vertes et les verres noirs. Que devint l'infante à cette vue ? Jamais on n'avait rien vu de si beau et de si artistement ouvré. Elle était confondue ; et sous prétexte d'en avoir mal aux yeux, elle se retira dans sa chambre, où la fée l'attendait, plus honteuse qu'on ne peut dire. Ce fut bien pis ; car en voyant la robe du soleil elle devint rouge de colère.

« Oh ! pour le coup, ma fille, dit-elle à l'infante, nous allons mettre l'indigne amour de votre père à une terrible épreuve. Je le crois bien entêté de ce mariage qu'il croit si prochain ; mais je pense qu'il sera un peu étourdi de la demande que je vous conseille de lui faire ; c'est la peau de cet âne qu'il aime si passionnément, et qui fournit à toutes ses dépenses avec tant de profusion : allez, et ne manquez pas de lui dire que vous désirez cette peau. »

L'infante, ravie de trouver encore un moyen d'éluder un mariage qu'elle détestait, et qui pensait en même temps que son père ne pourrait jamais se résoudre à sacrifier son âne, vint le trouver, et lui exposa son désir pour la peau de ce bel animal. Quoique le roi fût étonné de cette fantaisie, il ne balança pas à la satisfaire. Le pauvre âne fut sacrifié, et la peau galamment apportée à l'infante, qui, ne voyant plus aucun moyen d'éluder son malheur, s'allait désespérer lorsque sa marraine accourut.

« Que faites-vous, ma fille ? dit-elle en voyant la princesse arrachant ses cheveux et meurtrissant ses belles joues ; voici le moment le plus heureux de votre vie. Enveloppez-vous de cette peau, sortez de ce palais et allez tant que terre pourra vous porter : lorsqu'on sacrifie tout à la vertu, les dieux savent en récompenser. Allez, j'aurai soin que votre toilette vous suive partout ; en quelque lieu que vous vous arrêtiez, votre cassette, où seront vos habits et vos bijoux, suivra vos pas sous terre ; et voici ma baguette que je vous donne, en frappant la terre, quand vous aurez besoin de cette cassette, elle paraîtra à vos yeux : mais hâtez-vous de partir, et ne tardez pas. »

L'infante embrassa mille fois sa marraine, la pria de ne pas l'abandonner, s'affubla de cette vilaine peau, après s'être barbouillée de suie de cheminée, et sortit de ce riche palais sans être reconnue de personne.

L'absence de l'infante causa une grande rumeur. Le roi, au désespoir, qui avait fait préparer une fête magnifique, était inconsolable. Il fit partir plus de cent gendarmes et plus de mille mousquetaires pour aller à la quête de sa fille ; mais la fée, qui la protégeait, la rendait invisible aux plus habiles recherches.

Ainsi il fallut bien s'en consoler.

Pendant ce temps l'infante cheminait. Elle alla bien loin, bien loin, encore plus loin et cherchait partout une place ; mais quoique par charité on lui donnât à manger, on la trouvait si crasseuse que personne n'en voulait. Cependant elle entra dans une belle ville, à la porte de laquelle était une métairie, dont la fermière avait besoin

d'une souillon pour laver les torchons, nettoyer les dindons et l'auge des cochons. Cette femme, voyant cette voyageuse si malpropre, lui proposa d'entrer chez elle, ce que l'infante accepta de grand cœur, tant elle était lasse d'avoir tant marché. On la mit

dans un coin reculé de la cuisine, où elle fut, les premiers jours, en
butte aux plaisanteries grossières de la valetaille, tant sa peau d'âne la
rendait sale et dégoûtante. Enfin on s'y accoutuma ; d'ailleurs elle était
si soigneuse de remplir ses devoirs, que la fermière la prit sous sa pro-
tection. Elle conduisait les moutons, les faisait parquer au temps où il le
fallait ; elle menait les dindons paître avec une telle intelligence, qu'il
semblait qu'elle n'eût jamais fait autre chose ; aussi tout fructifiait sous
ses belles mains.

Un jour qu'assise près d'une claire fontaine, où elle déplorait souvent
sa triste condition, elle s'avisa de s'y mirer, l'effroyable peau d'âne qui
faisait sa coiffure et son habillement, l'épouvanta. Honteuse de cet ajus-
tement, elle se décrassa le visage et les mains, qui devinrent plus
blanches que de l'ivoire, et son beau teint reprit sa fraîcheur naturelle.
La joie de se trouver si belle lui donna envie de s'y baigner, ce qu'elle
exécuta ; mais il fallut remettre son indigne peau, pour retourner à
la métairie. Heureusement le lendemain était un jour de fête ; ainsi elle
eut le loisir de tirer sa cassette, d'arranger sa toilette, de poudrer ses
beaux cheveux, et de mettre sa belle robe couleur du temps. Sa chambre
était si petite, que la queue de cette belle robe ne pouvait pas s'étendre.
La belle princesse se mira et s'admira elle-même avec raison, si bien
qu'elle résolut, pour se désennuyer, de mettre tour à tour ses belles
robes les fêtes et les dimanches ; ce qu'elle exécuta ponctuellement.
Elle mêlait des fleurs et des diamants dans ses beaux cheveux, avec un
art admirable ; et souvent elle soupirait de n'avoir pour témoins de sa
beauté que ses moutons et ses dindons, qui l'aimaient autant avec son
horrible peau d'âne, dont on lui avait donné le nom dans cette ferme.

Un jour de fête, que Peau-d'Ane avait mis la robe couleur du soleil,
le fils du roi, à qui cette ferme appartenait, vint y descendre pour se
reposer en revenant de la chasse. Ce prince était jeune, beau et admirablement bien fait, l'amour de son père et de la reine sa mère, adoré des
peuples. On offrit à ce jeune prince une collation champêtre, qu'il accepta : puis il se mit à parcourir les basses-cours et tous leurs recoins. En

courant ainsi de lieu en lieu, il entra dans une sombre allée, au bout de laquelle il vit une porte fermée. La curiosité lui fit mettre l'œil à la serrure ; mais que devint-il en apercevant la princesse si belle et si richement vêtue, qu'à son air noble et modeste il la prit pour une divinité ? L'impétuosité du sentiment qu'il éprouva dans ce moment l'aurait porté à enfoncer la porte, sans le respect que lui inspira cette ravissante personne.

Il sortit avec peine de cette allée sombre et obscure, mais ce fut pour s'informer qui était la personne qui demeurait dans cette petite chambre. On lui répondit que c'était une souillon, qu'on la nommait Peau-d'Ane, à cause de la peau dont elle s'habillait ; et qu'elle était si sale et si crasseuse, que personne ne la regardait ni ne lui parlait, et qu'on ne l'avait prise que par pitié, pour garder les moutons et les dindons.

Le prince, peu satisfait de cet éclaircissement, vit bien que ces gens grossiers n'en savaient pas davantage, et qu'il était inutile de les questionner. Il revint au palais du roi son père, plus amoureux qu'on ne peut dire, ayant continuellement devant les yeux la belle image de cette divinité qu'il avait vue par le trou de la serrure. Il se repentit de n'avoir pas heurté à la porte, et se promit bien de n'y pas manquer une autre fois. Mais l'agitation de son sang, causée par l'ardeur de son amour, lui donna, dans la même nuit, une fièvre si terrible, que bientôt il fut réduit à l'extrémité. La reine sa mère, qui n'avait que lui d'enfant, se désespérait de ce que tous les remèdes étaient inutiles. Elle promettait en vain les plus grandes récompenses aux médecins ; ils y employaient tout leur art, mais rien ne guérissait le prince.

Enfin ils devinèrent qu'un mortel chagrin causait tout ce ravage ; ils en avertirent la reine,

qui, toute pleine de tendresse pour son fils, vint le conjurer de dire la
cause de son mal ; et que, quand il s'agirait de lui céder la couronne,
le roi son père descendrait de son trône sans regret, pour l'y faire
monter ; que s'il désirait quelque princesse, quand même on serait en
guerre avec le roi son père, et qu'on eût de justes sujets pour s'en
plaindre, on sacrifierait tout pour obtenir ce qu'il désirait ; mais qu'elle
le conjurait de ne pas se laisser mourir, puisque de sa vie dépendait la
leur.

La reine n'acheva pas ce touchant discours sans mouiller le visage du
prince d'un torrent de larmes. « Madame, lui dit enfin le prince avec
une voix très faible, je ne suis pas assez dénaturé pour désirer la couronne de mon père ; plaise au ciel qu'il vive de longues années et qu'il
veuille bien que je sois longtemps le plus fidèle et le plus respectueux de
ses sujets ! Quant aux princesses que vous m'offrez, je n'ai point encore
pensé à me marier ! et vous pensez bien que, soumis comme je le suis à
vos volontés, je vous obéirai toujours, quoi qu'il m'en coûte. — Ah ! mon
fils, reprit la reine, rien ne nous coûtera pour te sauver la vie ; mais,
mon cher fils, sauve la mienne et celle du roi ton
père en me déclarant ce que tu désires, et sois
bien assuré qu'il te sera accordé. — Eh bien !
Madame, dit-il, puisqu'il faut vous déclarer ma
pensée, je vais vous obéir ; je me ferais un crime
de mettre en danger deux êtres qui me sont si
chers. Oui, ma mère, je désire que Peau-d'Ane
me fasse un gâteau, et que, dès qu'il sera fait,
on me l'apporte. »

La reine, étonnée de ce nom bizarre,
demanda qui était cette Peau-d'Ane ? « C'est,
Madame, reprit un de ses officiers qui par
hasard avait vu cette fille, c'est la plus vilaine bête
après le loup ; une peau noire, une crasseuse, qui loge dans
votre métairie et qui garde vos dindons. — N'importe, dit

la reine : mon fils, au retour de la chasse, a peut-être mangé de sa pâtisserie ; c'est une fantaisie de malade ; en un mot, je veux que Peau-d'Ane (puisque Peau-d'Ane il y a) lui fasse promptement un gâteau. »

On courut à la métairie, et l'on fit venir Peau-d'Ane, pour lui ordonner de faire de son mieux un gâteau pour le prince.

Quelques auteurs ont assuré que Peau-d'Ane, au moment que ce prince avait mis l'œil à la serrure, les siens l'avaient aperçu ; et puis, que regardant par sa petite fenêtre, elle avait vu ce prince si jeune, si beau et si bien fait, que l'idée lui en était restée, et que souvent ce souvenir lui avait coûté quelques soupirs. Quoi qu'il en soit, Peau-d'Ane l'ayant vu, ou en ayant beaucoup entendu parler avec éloge, ravie de pouvoir trouver un moyen d'être connue, s'enferma dans sa chambre, jeta sa vilaine peau, se décrassa le visage et les mains, se coiffa de ses blonds cheveux, mit un beau corset d'argent brillant, un jupon pareil, et se mit à faire le gâteau tant désiré : elle prit de la plus pure farine, des œufs et du beurre bien frais. En travaillant, soit de dessein ou autrement, une bague qu'elle avait au doigt tomba dans la pâte, s'y mêla ; et, dès que le gâteau fut cuit, s'affublant de son horrible peau, elle donna le gâteau à l'officier, à qui elle demanda des nouvelles du prince ; mais cet homme, ne daignant pas lui répondre, courut chez le prince lui porter ce gâteau.

Le prince le prit avidement des mains de cet homme, et le mangea avec une telle vivacité, que les médecins, qui étaient présents, ne manquèrent pas de dire que cette fureur n'était pas un bon signe : effectivement, le prince pensa s'étrangler, par la bague qu'il trouva dans un des morceaux du gâteau ; mais il la tira adroitement de sa bouche, et son ardeur à dévorer

ce gâteau se ralentit, en examinant cette fine émeraude, montée sur un jonc d'or, dont le cercle était si étroit, qu'il jugea ne pouvoir servir qu'au plus joli petit doigt du monde.

Il baisa mille fois cette bague, la mit sous son chevet, et l'en tirait à tout moment, quand il croyait n'être vu de personne. Le tourment qu'il se donna, pour imaginer comment il pourrait voir celle à qui cette bague pouvait aller ; et n'osant croire, s'il demandait Peau-d'Ane, qui avait fait ce gâteau qu'il avait demandé, qu'on lui accordât de la faire venir ; n'osant non plus dire ce qu'il avait vu par le trou de la serrure, de crainte qu'on se moquât de lui, et qu'on le prît pour un visionnaire ; toutes ces idées le tourmentant à la fois, la fièvre le reprit fortement ; et les médecins, ne sachant plus que faire, déclarèrent à la reine que le prince était malade d'amour.

La reine accourut chez son fils, avec le roi, qui se désolait : « Mon fils, mon cher fils ! s'écria le monarque affligé, nomme-nous celle que tu veux ; nous jurons que nous te la donnerons, fût-elle la plus vile des esclaves. » La reine, en l'embrassant, lui confirma le serment du roi. Le prince, attendri par les larmes et les caresses des auteurs de ses jours : « Mon père et ma mère, leur dit-il, je n'ai point dessein de faire une alliance qui vous déplaise ; et, pour preuve de cette vérité, dit-il en tirant l'émeraude de dessous son chevet, c'est que j'épouserai celle à qui cette bague ira, telle qu'elle soit ; et il n'y a pas apparence que celle qui aura ce joli doigt soit une rustaude ou une paysanne. »

Le roi et la reine prirent la bague, l'examinèrent curieusement, et

jugèrent, ainsi que le prince, que cette
bague ne pouvait
aller qu'à quelque
fille de bonne maison. Alors
le roi, ayant embrassé son
fils, en le conjurant de gué-
rir, sortit, fit sonner les tambours,
les fifres et les trompettes par toute la
ville, et crier par ses hérauts que l'on
n'avait qu'à venir au palais essayer une
bague, et que celle à qui elle irait juste épouserait l'hé-
ritier du trône.

Les princesses d'abord arrivèrent, puis les duchesses, les marquises et
les baronnes ; mais elles eurent beau toutes s'amenuiser les doigts, aucune
ne put mettre la bague. Il en fallut venir aux grisettes, qui toutes jolies
qu'elles étaient, avaient toutes les doigts trop gros. Le prince, qui se
portait mieux, faisait lui-même l'essai. Enfin, on en vint aux filles de
chambre ; elles ne réussirent pas mieux. Il n'y avait plus personne qui
n'eût essayé cette bague sans succès, lorsque le prince demanda les cui-
sinières, les marmitonnes, les gardeuses de moutons : on amena tout
cela : mais leurs gros doigts rouges et courts ne purent seulement aller
par delà l'ongle.

« A-t-on fait venir cette Peau-d'Anc, qui m'a fait un gâteau ces jours
derniers ? » dit le prince. Chacun se prit à rire, et lui dit que non, tant
elle était sale et crasseuse. « Qu'on l'aille chercher tout à l'heure, dit le
roi ; il ne sera pas dit que j'aie excepté quelqu'un. » On courut, en riant
et se moquant, chercher la dindonnière.

L'infante, qui avait entendu les tambours et le cri des hérauts
d'armes, s'était bien doutée que sa bague faisait ce tintamarre : elle
aimait le prince ; et comme le véritable amour est craintif et n'a point
de vanité, elle était dans la crainte continuelle que quelque dame n'eût le
doigt aussi menu que le sien. Elle eut donc une grande joie quand on

vint la chercher et qu'on heurta à sa porte. Depuis qu'elle
avait su qu'on cherchait un doigt propre à mettre sa
bague, je ne sais quel espoir l'avait portée à
se coiffer plus soigneuse- ment, et à mettre son
beau corset d'argent, avec le
jupon plein de falbalas, de dentelles
d'argent, semé d'émeraudes. Sitôt qu'elle
entendit qu'on heurtait à sa porte, et qu'on l'appelait pour aller chez le prince, elle remit promptement
sa peau d'âne, ouvrit sa porte ; et ces gens, en se moquant
d'elle, lui dirent que le roi la demandait pour lui faire
épouser son fils ; puis, avec de longs éclats de rire, ils la
menèrent chez le prince, qui lui-même, étonné de
l'accoutrement de cette fille, n'osa croire que ce fût
celle qu'il avait vue si pompeuse et si belle.
Triste et con- fondu de s'être si lourde-
ment trompé : « Est-ce vous,
lui dit-il, qui
logez au fond
de cette allée

obscure, dans la troisième basse-cour de la métairie ? — Oui, seigneur, répondit-elle. — Montrez-moi votre main, » dit-il en tremblant et poussant un profond soupir...

Dame ! qui fut bien surpris ? Ce furent le roi et la reine, ainsi que tous les chambellans et les grands de la cour, lorsque de dessous cette peau noire et crasseuse sortit une petite main délicate, blanche et couleur de rose, où la bague s'ajusta sans peine au plus joli petit doigt du monde ; et par un petit mouvement que l'infante se donna, la peau tomba, et elle parut d'une beauté si ravissante, que le prince tout faible qu'il était, se mit à ses genoux, et les serra avec une ardeur qui la fit rougir ; mais on ne s'en aperçut presque pas, parce que le roi et la reine vinrent l'embrasser de toute leur force, et lui demander si elle voulait bien épouser leur fils. La princesse, confuse de tant de caresses et de l'amour que lui marquait ce beau jeune prince, allait cependant les en remercier, lorsque le plafond s'ouvrit, et que la fée des Lilas, descendant dans un char fait de branches et de fleurs de son nom, conta, avec une grâce infinie, l'histoire de l'infante.

Le roi et la reine, charmés de voir que Peau-d'Ane était une grande princesse, redoublèrent leurs caresses ; mais le prince fut encore plus sensible à la vertu de la princesse, et son amour s'accrut par cette connaissance.

L'impatience du prince pour épouser la princesse fut telle, qu'à peine donna-t-il le temps de faire les préparatifs convenables pour cet auguste hyménée. Le roi et la reine, qui étaient affolés de leur belle-fille, lui faisaient mille caresses, et la tenaient incessamment dans leurs bras ; elle avait déclaré qu'elle ne pouvait épouser le prince sans le consentement du roi son père : aussi fut-il le premier à qui on envoya une invitation, sans lui dire quelle était l'épousée ; la fée des Lilas, qui présidait tout, comme de raison, l'avait exigé, à cause des conséquences. Il vint des rois de tous les pays ; les uns en chaise à porteur, d'autres en cabriolet ; de plus éloignés, montés sur des éléphants, sur des tigres, sur des aigles ; mais le plus magnifique et le plus puissant fut le père de l'infante, qui

heureusement avait oublié son amour déréglé, et avait épousé une reine
veuve, fort belle, dont il n'avait point eu d'enfant. L'infante courut au-
devant de lui ; il la reconnut aussitôt, et l'embrassa avec une grande
tendresse, avant qu'elle eût le temps de se jeter à ses genoux. Le roi et
la reine lui présentèrent leur fils, qu'il combla d'amitiés. Les noces se
firent avec toute la pompe imaginable. Les jeunes époux, peu sensibles
à ces magnificences, ne virent et ne regardèrent qu'eux.

Le roi, père du prince, fit couronner son fils ce même jour, et, lui
baisant la main, le plaça sur son trône, malgré la résistance de ce fils
si bien né : il lui fallut obéir. Les fêtes de cet illustre mariage durèrent
près de trois mois ; mais l'amour des deux époux durerait encore, tant
ils s'aimaient, s'ils n'étaient pas morts cent ans après.

TABLE DES MATIÈRES

ÉVREUX, IMPRIMERIE DE CHARLES HÉRISSEY

www.ingramcontent.com/pod-product-compliance
Ingram Content Group UK Ltd.
Pitfield, Milton Keynes, MK11 3LW, UK
UKHW022241120726
13694UKWH00003B/927